한국교회 박해의 역사

정태성

도서출판 코스모스

한국교회 박해의 역사

정태성

머리말

한국에 그리스도 신앙이 들어온 지 200년이 지났다. 지나온 세월 동안 한국교회는 수많은 억압과 박해 속에서도 꿋꿋이 그 신앙을 지켜오며 현재에 이르고 있다. 1791년 신해박해를 시작으로 신유박해, 기해박해, 병오박해, 병인박해, 그리고 일제 강점기 시대에서 수많은 그리스도 교인들은 자신의 생명을 아까워하지 않은 채 그 거룩한 믿음의 신념을 지켜왔다.

한국교회는 이러한 고통 속에서도 더욱 성장하여 현재에 이르고 있다. 하지만 안타까운 것은 그러한 고통의 역사에서 소중한 많은 생명들이 세상을 떠나야만 했다. 조선시대 많은 신앙인이 목숨을 잃은 것은 종교의 자유가 보장되지 않아서였을 뿐만 아니라 조선 조정의 권력 다툼 과정과도 관계가 있다. 또한 일본의 제국주의적 탐욕과 주권 잃은 나라의 백성이었기에 우리의 많은 믿음의 선조들은 소중한 생명을 잃어야 했다. 이러한 과정을 조금이라도 이해해야 잘못된 과거가 반복되지 않을 것이다.

힘 있는 자들의 이러한 폭압 가운데에서도 자신의 신앙을 지켜온 그들이 있었기에 한국교회가 지금 이 자리에 서 있을 수 있었다. 그러한 선배 그리스도 신앙인들을 본받아 지금 이 땅에서 믿음을 가지고 있는 우리는 더욱 분발하여 진정한 그리스도인으로 살아가야 할 책무가 있다고 생각된다. 사회의 본이 되는 신앙인, 주위의 많은 사람을 위해 헌신하고 봉사하는 믿음의 그리스도인이 되는 것이 지금 이 땅에서 살아가고 있는 우리의 의무가 아닐까 싶다.

하지만 현재 우리나라 교계의 사정을 본다면 일부에서는 사회의 횃불이 되기보다는 오히려 비난을 받고 있는 것이 객관적인 사실이다. 진정한 신앙인으로서 주위의 본이 되기보다는 사회에 지탄을 받는다는 것은 앞선 우리 믿음의 선배들이 자신의 생명을 아까워하지 않고 순수한 신앙을 지켜온 것을 생각할 때 부끄러워해야 할 것이다.

어려운 시대에서 소중한 믿음을 지켜온 그들의 발자취를 간략하게나마 돌아보고 현재 우리가 그들의 신앙의 후배로서 지금 우리 사회에서 어떠한 모습으로 믿음의 생활을 해나가야 할지 고민해 봐야 할 것으로 생각된다. 생명보다 귀한 그 거룩한 신앙을 본받아 다가올 미래의 세대에게 우리가 해야 할 일을 마땅히 함으로써 우리 또한 후손들이 본받을 신앙인으로서 자격이 있을 것이다.

이 조그만 책자가 이를 위해 미약하나마 도움이 된다면 바랄 것이 없을 것 같다. 이 책에는 저자의 개인적이고 주관적인 의견도 포함되어 있음을 밝힌다.

2021. 12월

저자

3

차례

누가 우리를 그리스도의 사랑에서 끊으리요. 환난이나 곤고나 박해나 기근이나 적신이나 위험이나 칼이랴. 롬 8:35

1. 초기 기독교의 박해

초기 기독교 시절 로마에는 많은 수의 흩어진 유대인들이 살고 있었다. 이들을 흔히 '디아스포라'라고 부른다. 로마에서의 그들은 회당을 세우고 일정한 날에 모여 예배를 드렸다. 유대와 기독교의 관계를 체계적으로 알고 있었던 바울은 로마에 있는 유대인들을 통해 로마에 복음을 전할 수 있을 것이라 믿었다. 당시 로마제국은 이탈리아 반도뿐만 아니라 유럽과 지중해를 넘어 북아프리카, 페르시아 그리고 이집트까지 지배했던 인류역사상 가장 강력한 제국 중의 하나였다.

예루살렘, 안디옥, 이고니온, 더베, 그리고 루스드라에서 1차 전도 여행을 했던 바울은 계속해서 빌립보, 데살로니가, 아테네, 고린도 등으로 전도 여행을 이어갔다. 그리고 바울은 자신의 생애에서 최고의 사명이라 생각했었고 그토록 가고 싶었던 로마에 죄수의 신분으로 도착한다.

바울이 로마에 도착하기 전에는 이미 그곳에는 기독교회가 세워져 있었고 그곳 교인들은 진심으로 바울을 환영하였다. 죄수의 신분이었던 바울에게 기독교 교리를 전한 것 외에는 다른 죄목을 발견할 수 없었기에 바울은 방면되어 근위병의 감시하에 지내게 된다. 바울은 이때 누가, 마가, 디모데, 디도 등의 제자들과 함께 전도 활동을 하게 되었고, 이를 기점으로 로마에 살고 있는 로마인들에게도 복음은 깊이 침투해 들어가기 시작한다.

예수 그리스도의 죽음과 부활의 신앙, 행함이 아닌 오직 믿음이라는 복음, 자신의 죄에 대한 회개를 바탕으로 한 그리스도인들의 실천적 삶은 혼탁한 도시에서 살았던 로마인들에게는 생명수와 같았고 많은 로마인이 기독교로 개종을 하게 된다. 점점 기독교인의 숫자가 확대되자 로마의 지배층은 그들을 두려움을 느끼기 시작한다. 이 시기는 약 주후 50년 정도였고 마침 주후 54년 여름 로마 시내에 대형 화재가 일어나는 사건이 발생한다.

당시의 로마 황제였던 네로는 어수선한 로마 시민의 민심을 수습하고자 방화에 대한 책임을 기독교인으로 돌려 무자비하게 기독교인들을 처형하였다. 이들의 처형은 실로 비인간적인 형태를 보여주었다. 기독교인을 살아 있는 상태에서 화형을 시키거나, 십자가에 매달아 못을 박았고, 커다란 끓는 기름 속에 넣어 튀겨 죽였다. 또한 자신들의 유희를 위해 로마 시내에 있는 원형 경기장에 사자 같은 맹수들의 먹잇감이 되게 하기도 했다. 이때 바울은 방화자와 공모하였다는 누명을 씌어 참수된다.

당시 기독교 박해를 주도하였던 네로는 후에 로마 원로원에서 축출되자 자살한다. 그 후 도미티아누스가 로마의 황제에 올랐는데 그는 자신의 권력을 보여주기 위해 기독교 신앙 자체를 반국가적 범죄로 정하였고, 이에 초기 기독교 탄압은 더욱 심해지게 된다. 당시 로마에 살던 그리스도인들은 로마 내에 다른 왕국을 건설하려는 반역을 계획하고 있다는 이유로 기독교인은 물론 교인이 아닌 일가족들까지 무참하게 처형의 대상으로 삼았으며 모든 재산을 로마제국의 소유로 압수하기에 이른다.

시몬 베드로 역시 이때 로마에서 처형된다. 전해져 오는 이야기에 따르면 베드로가 너무 심한 로마의 박해를 견디지 못하고 로마성을 빠져나가려고 하는 길 위에서 베드로는 부활한 예수를 만났다고 한다. 베드로가 이때 "주여, 어디로 가시나이까?" 물으니 "다시 십자가에 못 박히기 위해 로마로 간다"라는 대답을 듣자, 그 길로 베드로는 다시 로마로 돌아가 복음을 전한다. 로마제국의 엄청난 탄압에도 불구하고 복음을 전하던 베드로는 결국 로마군에 붙잡히게 되었고 십자가에 거꾸로 못 박혀 순교한다. 베드로가 순교한 그곳엔 나중에 교회가 세워졌고 그 교회가 바로 현재 바티칸 소재 로마 교황청이 있는 성 베드로 성당이다.

베드로 순교 후 로마제국은 이후 300년 가까이 10명의 로마 황제에 의해 기독교에 대한 탄압을 이어간다. 하지만 그 오랜 세월 무참한 제국의 박해에도 기독교 신앙은 끊임없이 이어져 내려왔고, 로마제국은 부정부패와 무한한 권력 투쟁으로 내부 분열이 계속되면서 결국 서기 395년 동로마제국과 서로마 제국으로 분열된다. 분열된 로마제국의 국운은 점차 기울어 갔고, 서로마 제국은 서기 476년 멸망하게 된다. 소아시아 지역을 지배하던 동로마제국은 1453년까지 존속하기는 하나 예전의 로마제국의 강력한 나라로서의 모습을 회복하지 못한 채 결국 멸망하기에 이른다.

로마에 있는 원형 경기장(콜로세움)

2. 한국 천주교와 기독교의 전래

우리나라에 천주교 신앙이 전파된 것은 16세기 말엽으로 알려진다. 중국 선교사였던 마테오 리치는 천주교 교리를 설명하면서 천주교 신앙과 유교, 불교, 도교의 관계에 대한 "천주실의(天主實義)"라는 책을 썼고, 이외에도 중국에는 여러 다른 선교사들에 의한 천주교 신앙을 알리는 많은 책을 지었다. 당시 중국을 왕래하던 우리 사신들이 가져온 한문책 중에 이러한 서양 선교사들이 쓴 책들도 들어 있었고, 이 책을 통해 우리나라 사람들은 천주교를 알기 시작하였다.

천주교 서적들이 우리나라에 전해지자 당시 이 책들을 접한 사람들은 천주교를 새로운 인생철학으로 이해하려는 사람들이 나타나기 시작했고 곧이어 이를 참다운 종교로써 받아들이기 시작하는 사람들이 생겨나게 되었다.

당시 조선 사회를 지배하던 사상은 유교의 한 갈래인 성리학이었는데 18세기를 전후하여 성리학은 조선왕조를 이끌어갈 힘을 잃어버리기 시작한다. 이에 사람들은 새로운 가르침을 찾아 천주교 신앙에 대한 관심이 높아지게 되었고, 일부 선비들과 대중들은 유교를 대신하여 천주교를 자신의 신앙으로 받아들이기 시작한다.

조선왕조는 철저한 신분제 사회였다. 출신성분에 따라 양반, 상민, 노비는 여러 가지 실질적인 차별을 강요받았고 이러한 사회사상은 시대의 흐름과 맞물려 서서히 붕괴되어 가고 있었다. 태어날 때부터 아무런 차별이 없는 평등사상을 바랐던 조선의 대부분 백성은 하나님 앞에서는 모든 사람이 같다는 가르침에 귀를 기울이게 된다. 계속되는 가난과 양반들의 민중 수탈은 날이 갈수록 심해졌고, 이에 다른 삶의 희망을 찾던 조선의 백성들에게 천주교의 신앙은 서서히 전파되기 시작한다.

당시 홍유한을 비롯한 많은 사람이 본격적으로 천주교에 관해 공부를 하기 시작하였고, 이어 권철신, 정약전으로 이어져 천주교에 대한 깊은 교리를 이해하고 다른 사람들에게 전하기 시작한다.

초창기 이러한 학자들은 천주교를 다른 하나의 학문의 영역으로 생각하여 공부를 하기 시작하였지만, 그들 중 일부는 이를 학문으로서가 아닌 구체적 신앙으로 받아들이고 실천하고자 하였는데 이때 가장 대표적인 인물이 바로 이벽이다. 그는 천주교에 대한 더 많은 서적을 읽고자 하였으며, 당시 북경에 사신으로 가게 된 이승훈에게 천주교 책들을 가져다 달라는 부탁을 한다.

이승훈은 북경에 사신으로 갔다가 거기에서 활동하던 선교사를 만나게 되었고, 이때 그는 천주교를 자신의 신앙으로 받아들이면서 베드로라는 세례명으로 우리나라 사람으로는 최초로 세례를 받게 된다. 북경에서 이승훈은 많은 천주교 서적을 조선으로 가지고 오게 되었고, 이벽을 비롯한 주위 사람들에게 천주교 신앙을 전파하기 시작한다.

이벽 또한 정약용 형제들과 상민이었던 김범우에게 천주교 신앙을 전해주었고, 이러한 과정에서 이벽과 권일신은 이승훈에게 세례를 받는다. 이들이 세례를 받은 후 김범우 집에 다 같이 모여 천주교 신앙을 실천하는 신앙공동체를 시작한다. 이 신앙공동체가 바로 우리나라 최초의 천주교회의 창설이라고 봐도 무방할 것이다.

이후 한국 천주교회는 이승훈, 이벽, 권일신이 서울을 중심으로 복음을 전해 나가기 시작했고, 권일신의 제자인 이존창은 충청도에서 유항검은 제주에서 신앙을 전파하였고 이렇게 한국의 천주교는 서서히 전국적으로 전파되기에 이르렀다.

그러나 한국의 천주교는 초창기부터 유교 사상이 중심이었던 조선 조정의 탄압을 받게 된다. 당시 사회의 절대 사상이었던 유교가 아닌 이교를 믿는다는 이유로 1785년 이승훈과 일부 교인들이 형조에 검거되나, 당시 조선의 법에는 양반을 범죄로 다스릴 수가 없었기에 체포된 양반들은 풀려났지만, 평민이었던 김범우는 고문을 당하고 귀양을 살던 중 고문의 후유증으로 사망한다. 그는 조선에서 천주교를 자신의 신앙으로 지키다 죽임을 당한 첫 번째 순교자였다. 이후 한국 천주교는 점점 조선 사회에 전파되어 1800년 경에는 대략 1만 명에 달하는 신자로 늘어나게 된다.

한국 기독교는 천주교에 비해 비교적 늦게 전해졌다. 하지만 이미 조선 조정에 의해 천주교에 대한 많은 박해의 과정을 겪은 후였기에 한국의 기독교는 상대적으로 자유로운 사회의 흐름 속에서 외국 선교사를 중심으로 전해지기 시작했다.

당신 일본 주재 감리교 선교부에 있었던 로버트 맥클레이(Robert S. Maclay)는 1884년 6월 서울에 들어와 오래전부터 일본에서 친하게 지냈던 김옥균을 통하여 고종황제에게 한국에서 감리교를 통한 교육사업과 의료 사업을 허락해 달라는 청원서를 넣는다. 1884년 7월 3일 고종황제는 이를 허락하는 윤허를 내렸고, 이어 1885년 의사인 윌리암 스크랜톤(William B. Scranton)과 헨리 아펜셀러(Henry Appenzeller) 목사가 한국 감리교회의 초대 선교사로 내정된다. 미국의 장로 교회 또한 조선에 대한 선교에 뜻을 품었고, 미국 장로교 선교부는 호레이스 언더우드(Horace G. Underwood)를 한국의 최초 선교 목사로 임명한다.

이들은 1885년 4월 5일 한국에 도착하는데 이것이 바로 한국에 처음으로 기독교가 전해지는 시점이다. 이때 당시 중국의 상해에서 의료 선교사로 일하던 호레이스 알렌(Horace N. Allen)도 한국에 들어와 있었는데 그의 한국어 선생의 이름이 노도사였다. 노도사는 1886년 7월 한국인으로는 최초로 기독교식 세례를 받는다. 이어 1887년 9월 우리나라 최초로 새문안 교회가 설립되었고, 같은 해 10월에는 정동교회가 세워졌다. 그리고 1901년 한국인으로는 처음으로 김창식, 김기범이 감리교에서 목사 안수를 받게 된다.

알렌은 1884년 12월 갑신정변이 일어났을 때 중상을 입었던 정부 고위 관료들을 치료해 주어 고종 황제로부터 신임을 받는다. 이를 계기로 알렌은 1885년 2월 한국 최초의 서양 병원인 광혜원을 세웠는데 이것이 현재의 세브란스 병원이다.

그 후 한국의 장로교와 감리교는 전국 각지에 병원을 세워 이를 중심으로 의료선교 사업과 교육 선교 사업을 전개해 나갔는데 1909년까지 장로교가 세운 학교는 605개교, 감리교가 세운 학교는 200여 곳에 이르게 되었고, 이를 통해 한국의 기독교는 전국으로 전파되는 계기가 된다.

3. 신해박해

 1791년 전라도 진산군에 살던 선비 윤지충과 그의 외조카였던 권상연이 윤지충의 모친상을 모시던 중 신주를 불에 태운 사건이 발생한다. 모친의 장례를 천주교식으로 치렀다는 소문이 났고 조선 조정에 이 사건이 보고된다.

 이에 공자와 맹자의 유교를 신봉해야 할 선비가 정치와 제도의 위신을 떨어뜨렸다는 이유로 큰 논쟁에 휩싸이게 된다. 이 문제로 당시 집권파였던 남인은 천주교를 묵인하는 신서파와 천주교를 탄압하는 공서파로 나뉘게 된다.

 조선 조정은 당시 진산 군수였던 신사원으로 하여금 두 사람을 체포하여 심문하게 하였다. 그 결과 당시의 사회도덕을 문란하게 하고 천주교 교리에 부모나 임금보다 천주를 더 높이 받든다는 이유로 둘을 사형에 처하게 된다. 이를 신해박해라 한다.

 당시 임금이었던 정조는 그 사건을 이 정도로 끝내고 천주교에 대한 상대적인 관대한 정책을 쓰고, 당시 천주교의 교주라 지목받은 권일신을 유배 정도 보내는 것으로 마무리하고 더 이상 천주교를 박해하려 하지 않았다.

 그러나 조정에서는 계속하여 이 사건을 두고 남인의 우두머리였던 신서파 채재공과 이에 반대하는 홍의호와 홍낙안의 공서파가 대립하여 10년의 암투가 벌어지게 되었고, 결국 신유박해로 이어지면서 신서파는 결정적인 타격을 입는다.

4. 신유박해

 1794년 12월 중국인 주문모 신부가 조선에 입국하게 된다. 그가 입국하여 활동하면서 한국 천주교는 비약적으로 발전하게 된다. 주문모 신부가 입국할 당시 4,000명이었던 천주교 신자는 6년이 지난 1800년 10,000명까지 증가하게 된다. 이러한 교세의 갑작스러운 증가에 조선 정부는 신경이 쓰일 수밖에 없었다.

 하지만 이 시기 천주교의 교세가 크게 확장된 것은 주문모 신부의 활동의 역할 뿐만 아니라 당시의 정치적 상황과도 관련이 있다. 당시 정권은 남인인 채제공에 의해 주도되었는데, 채제공을 따르는 사람으로는 이가환, 정약용, 이승훈 (흔히 이들을 신서파라 부른다) 등으로 천주교와 가까운 사람들이었다. 이로 인해 천주교에 가까운 채제공의 권력으로 인해 교세가 확장될 수 있었던 것도 하나의 이유가 될 것이다.

 남인 중에도 천주교를 공격하는 자들도 있었는데 홍낙안, 이기경, 목만중 들로 이들을 흔히 공서파라 부른다. 당시 서인의 일파였던 노론 중에는 정조의 정치적 견해와 함께했던 시파와 반대쪽 벽파가 있었는데 노론 벽파는 채제공과 정치적으로 대립하는 세력이었다. 따라서 당시 조정은 천주교에 가까운 '신서파와 시파'

이와 대립하는 '공서파와 벽파'의 대결 양상이었다.

1799년 채제공이 사망하고 1800년 정조마저 세상을 떠나자 조정의 상황은 급격하게 변하게 된다. 열한 살의 순조가 즉위하고 순조 임금을 대신하여 대왕대비였던 정순 왕후가 정사를 수렴청정하는데 노론 벽파가 정권을 잡게 되었던 것이다. 그들은 정조 임금의 장례식이 끝나자마자 반대파를 숙청하기 시작하였고 그 명분이 바로 천주교였던 것이다. 이로 인해 신유박해가 일어나게 된다.

정순 왕후는 1801년 2월 22일 조선 조정의 공식적인 천주교 박해령을 내리게 된다. 정순 왕후는 천주교 신자들을 역적으로 다스리라 명했으며, 조선 시대 다섯 집을 1통으로 묶는 호적의 보조 조직과 관계된 오가작통법으로 천주교 신자를 철저하게 색출하게 만든다.

그 결과 이승훈, 정약용, 이가환, 홍낙민 등이 체포되어 처형되거나 유배를 당한다. 또한 4월 24일에는 주문모 신부가 자신이 자수하면 신자들에 대한 박해가 중지되지 않을까 생각하여 조선 조정에 자수를 하게 된다. 그리고 그는 5월 31일 결국 새남터에서 처형된다.

하지만 주문모 신부의 기대와는 달리 조선 조정은 더욱 박해를 가하게 된다. 당시 왕족이었던 송 마리아와 신 마리아는 세례를 받았다는 사실과 주문모 신부를 자신들의 집으로 대피시켰다는 이유로 사약을 받아 죽는다. 송 마리아는 정조 임금의 이복동생인 은언군 이인의 아내였고 신 마리아는 송 마리아의 며느리였다. 신 마리아의 남편이었던 상계군 이담은 반역에 연루되어 자살하였고, 아버지였던 이인은 아들로 인해 강화도로 유배가 있었던 상태였다. 상계군의 죽음과 은언군의 유배로 인해 이 두 여인은 그 슬픔과 아픔을 천주교에 귀의하여 달래고 있었던 것이다. 또한 이와 관련된 강완숙 등은 한성에서 참수되었으며, 그 외 유항검 등 200여 명이 체포되기에 이른다.

신유박해로 인해 서울에서 300명 이상이 처형되었고, 특히 주문모 신부와 당시 천주교의 많은 지도자를 잃게 되었고, 남아 있는 신자들마저 박해를 피해 전국의 산속으로 흩어지게 됨에 따라 천주교는 교세가 급격히 꺾이며 교회 조직은 완전히 붕괴되기에 이른다.

그러나 신유박해로 인해 천주교 신앙은 보다 넓은 지역으로 전파되는 계기가 되었다. 박해를 피해 전국 방방곡곡으로 흩어진 교인들이 그곳에서 신앙생활을 하며 천주교를 전파하게 되었다.

5. 기해박해와 병오박해

　신유박해 후 어느 정도 진정이 되자, 신자들은 자신의 본분을 지키기 위해 다시 모여들기 시작하였고 교우촌이 형성되기에 이른다. 이들은 베이징에 사람을 보내 천주교 성직자를 파견해 달라고 요청한다.

　1831년 로마 교황청은 조선을 베이징 교구와 분리하고, '조선 대목구'라는 독립 선교지로 선정하고 프랑스 사람이었던 브뤼기에르 주교를 책임자로 임명한다. 브뤼기에르 주교가 조선으로 오던 중 만주에서 사망하자 모방 신부가 대신 1836년 1월에 조선으로 입국한다. 모방 신부는 조선에 입국한 최초의 서양 신부이다. 그의 뒤를 이어 1837년에는 샤스탕 신부와 앵베르 주교가 조선에 입국한다.

　당시는 안동 김씨와 풍양 조씨가 조선 조정에서 정치적 대립이 심하였는데 이는 1839년 기해박해의 원인이 된다.

　안동 김씨는 1802년 김조순의 딸이 순조의 비인 순원 왕후가 되면서 정권을 잡았다. 풍양 조씨는 1819년 조만영의 딸이 순조의 아들인 효명 세자의 비가 되고 1827년 효명 세자가 순조를 대신해 조정을 돌보게 되면서 권력을 잡는다.

1834년 순조가 죽고 당시 여덟 살이었던 헌종이 즉위하자 안동 김씨인 대왕대비 순원 왕후가 왕실의 최고 어른이 되면서 수렴청정을 시작한다. 이때 순원 왕후의 동생인 김유근이 왕후를 보필하였고, 1837년에는 김조근의 딸이 헌종의 비로 간택되면서 안동 김씨의 권력은 계속된다.

안동 김씨 세력은 천주교에 대해 상대적으로 관용적인 태도를 취했고, 그들이 정권을 잡고 있는 도중에도 천주교 문제에 대해 크게 신경을 쓰지는 않았다.

하지만 1837년 조만영의 계열인 이지연이 우의정이 되고, 김유근이 중풍으로 인해 정사를 돌보지 못하게 됨에 따라 정권의 주도권이 바뀌게 된다. 이때 주도권을 잡은 풍양 조씨는 안동 김씨 세력을 몰아내기 위한 빌미로 천주교에 대한 탄압 정책을 시작한다. 이로 인해 발생한 것이 바로 기해박해이다.

기해박해는 1839년 1월에 시작되어 그해 11월에 끝날 때까지 당시 한성을 포함한 전국에서 천주교 신자들이 체포된다. 그중 137명이 사형을 당하게 되는데 기록에 누락된 자들이 많아 실제로는 더 많을 것으로 추정된다.

그리고 1846년 최초로 조선에서 천주교 신부가 처형되는 데 그가 바로 김대건 신부이다. 김대건 신부는 마카오에 있는 신학교에서 공부를 하고 조선인으로는 처음으로 신부가 되었던 인물이다. 1847년 최초의 조선인 신부였던 김대건은 역모죄에 몰려 새남터에서 참수되었는데 이를 병오박해라 부른다.

6. 병인박해

 1858년 광저우항에 머물고 있던 애로우호를 청나라 관헌이 검문하여 중국인 선원을 체포하였는데, 이 배의 국적은 영국이었다. 영국은 이를 빌미로 프랑스와 연합하여 광동성을 점령하였고 기세를 몰아 텐진까지 압박하였다. 이를 계기로 중국은 러시아, 미국, 영국, 프랑스와 각각 텐진조약을 맺게 된다.

 중국과 러시아 간에 맺어진 조약으로 인해 러시아는 연해주 지방을 차지하게 되었고 조선과 러시아는 두만강을 사이에 두고 국경을 맞대게 되었다. 이에 따라 러시아는 두만강을 건너와 조선과 통상을 요구하였고, 이에 흥선대원군을 비롯한 조선의 조정은 크게 당황하며 위기의식을 느낀다.

 이때 남종삼은 대원군에게 조선과 프랑스 사이에 조약을 체결하여 나폴레옹 3세의 위력을 이용하면 러시아에 대항할 수 있을 것으로 의견을 제시하고, 당시 조선에 머무르고 있는 프랑스 주교 베르뇌와 만나볼 것을 건의한다.

 대원군은 러시아의 남하를 막을 수 있다면 천주교도들의 신앙의 자유를 보장해 주겠다고 암시를 하였다. 하지만 기다리던 베르뇌는 한 달이 지나서야 서울에 도착하였는데, 이 한 달 사이에 조선의 조정에서의 상황은 급격히 바뀌게 된다.

　당시 청나라에서 영국과 프랑스 연합군이 북경을 함락하였는데 청나라는 이에 대한 저항으로 천주교를 탄압하게 된다. 청나라의 천주교 탄압 소식은 반 대원군 세력들이 천주교를 이용하려는 대원군에게 공세를 취하게 되고, 이에 대원군은 정치적 안정을 위해 천주교를 탄압하는 정책으로 전환한다. 게다가 운현궁에도 천주교가 침투했다는 소문이 퍼져 조대비까지 천주교를 비난하자 대원군은 천주교 박해령을 선포하기에 이른다.

　이에 따라 병인년인 1866년 2월 베르뇌를 비롯하여 당시 천주교의 핵심인 홍봉주, 남종상, 김면호등을 비롯한 대표적 천주교인들과 수천 명의 교인을 서울 및 지방에서 처형하게 된다. 당시 프랑스 선교사 9명이 죽자 피신해 있던 리델 신부는 조선을 탈출하여 톈진으로 가서 당시 프랑스 함대 사령관이었던 로즈에게 이 사실을 알린다. 로즈는 10월에 프랑스 군함을 끌고 와 프랑스 선교사를 죽인 것에 대한 책임을 물으며 무력시위를 하는데 이것이 바로 병인양요다.

　로즈 제독은 10월 16일 7척의 군함으로 강화도를 점령하기에 이르렀고, 이에 조선 정부는 급히 순무영을 설치하고 이경하를 순무사, 이용희를 순무 중군으로 임명한 뒤 2,000명의 군사를 거느리고 출정을 하게 한다. 조선군의 출정 소식을 들은 로즈 제독은 120명의 정찰대를 파견하여 조선 군대와 전투를 벌이게 하였고, 뒤를 이어 강화도 정족산성에서 양헌수가 이끄는 조선 군대와 싸웠으나 패배하여 청나라로 돌아간다.

게다가 1868년 5월 충청도 덕산에 있던 흥선대원군의 아버지인 남연군의 묘가 독일인 상인 오페르트에 의해 도굴되는 사건이 발생한다. 대원군은 이 사건에 대해 격분하게 되고 서양 세력을 더욱 배척하는 계기가 된다.

대원군은 이러한 상황에서 국가적 위기의식을 느끼고 더욱 천주교를 박해하기에 이르러 1871년까지 8,000명에 이르는 천주교인을 처형하였으니 이것이 바로 병인박해다. 병인박해는 병인년인 1866년에 시작되어 1871년까지 거의 6년 동안 계속된다. 병인박해 당시 독실한 천주교인들은 거의 다 사망하게 된다.

당시 천주교 신자들은 지금의 합정동 근처에서 참수를 하였는데 이곳이 바로 절두산이다. 이로 인해 조선에서의 천주교는 크게 쇠퇴하기에 이른다.

7. 황사영백서

예로부터 저항 정신은 인간이 더욱 인간답게 살기 위해 기본적으로 누려야 할 권리들이 국가의 권력에 의하여 부당하게 침해되었을 때 나타나곤 하였다. 이러한 저항 정신은 인권운동의 기초를 이룬다. 황사영은 그의 백서에서 당시 대왕대비였던 정순 왕후와 조선의 집권층이었던 노론의 벽파 세력의 폭압적인 정치에 대하여 명백한 저항의 자세로 열렬히 비판하였다. 이러한 그의 비판은 세 가지 측면으로 나누어 볼 수 있는데, 첫째 조선의 당시 집권 세력이 천주교 신앙을 금지하면서 천주교 신자에 대한 무자비한 탄압을 가한 일에 대한 것이며, 둘째 천주교를 빌미로 집권 세력인 노론 벽파가 시파였던 남인들을 모두 정계에서 축출하고 처형하였던 것에 대한 반발이며, 셋째는 천주교 신자들을 비롯한 일반 서민들을 극단적인 굶주림에 내버려 둔 결과 죽음과 기아로 몰아넣어 백성에게 가난과 궁핍을 강요한 것에 대한 무능하고 타락한 당시 조선의 정치에 대한 저항이었다.

황사영 백서 원문

　저항권은 역사적으로는 맹자의 "역성 혁명론"에서 비롯되었다
고 할 수 있다. 이는 1776년과 1784년 사이 미국의 각 주 헌법에
서 시민의 권리선언 형태로 나타나 각 주의 헌법에 저항권이 규

정되기에 이르렀고, 1789년 프랑스 인권선언에도 저항권이 규정되었다. 이는 1950년 서독 베를린 헌법에서 "헌법에 규정된 기본권이 현저하게 침해될 때에는 모든 국민은 저항할 권리가 있다"라고 이어졌고, 1968년 서독 연방공화국 헌법 또한 "질서를 배제하려고 시도하는 어떠한 자에 대해서도 모든 국민은 다른 구제방법이 없을 때 저항권을 가진다"라고 규정하였다. 현대에 와서는 저항권은 기본적 인권과 자유민주주의 체제를 수호하기 위한 최후의 수단으로 인식되고 있다. 국가권력에 대한 모든 저항이 저항권으로 정당화되는 것은 아니다. 현대에 있어서 저항권은 오로지 인간의 존엄과 가치를 존중하고 보호하는 자유민주주의 헌법 질서의 쟁취와 수호를 위하여 행사할 수 있는 시민의 기본권이라 할 수 있다. 그리고 저항권은 저항 상황이 주어져 있을 때만 발동될 수 있다. 일반적으로 저항 상황은 폭정과 찬탈의 경우에 나타난다. 이러한 경우에 국민의 기본 인권에 대한 침해는 무참해지며, 국가의 법질서는 마비 상태가 된다. 현대에 와서 인간의 기본권을 보장하기 위해 여러 가지 제도를 헌법상 마련하고 있는데, 그 예가 권력 분립, 헌법 재판, 사법권의 독립, 언론의 자유, 탄핵제도 등이다. 이러한 제도 등을 '제도화된 저항권'이라 불린다. 그런데 이러한 제도화된 저항권이 제대로 기능을 발휘하지 못하고 인간의 기본권이 무참히 침해당한다면, 국민의 생명과 권리를 위해 발동될 수 있는 최후의 수단이 바로 저항권이다.[1]

　우리는 황사영의 백서를 정당하지 못한 국가권력에 대한 저항 정신의 차원에서 이해할 필요가 있다. 오늘날 저항 정신의 법적 권리인 저항권은 국가권력에 대한 인권과도 연관된다. 오늘날 인권이란 "인간에 있어서 가장 기본적이고 양도할 수 없는 핵심적인 권리"로 정의된다. 이는 국가의 횡포로부터 개인인 인간의 자유 및 기본적 권리를 보호하려는 시민적, 정치적 권리로 규정된다. 이는 또한 소수자가 자신의 문화를 누리고, 신앙의 자유와 종교적 활동의 자유를 행할 수 있는 것과도 관련된다.

황사영백서에 대하여는 그동안 학계에서 여러 가지로 연구했는데 부정적인 평가와 긍정적 평가로 견해가 나뉜다. 간단한 예로 "외세 의존의 반국가적 행위[2]" 및 "매국적인 비밀편지 사건[3]"이라는 주장이 있는 반면에, 다른 한편으로는 "그 시대에 있어서 비현실적이었으며 무모하고 위험한 계획이었지만, 조선교회구출의 일대 방책[4]" 내지 "민족주의를 넘어선 다원적 시민사회 구현 운동의 이정표[5]"로 평가되기도 한다.

황사영백서는 조선 시대 소수자인 천주교도의 한 사람인 황사영이 그가 믿는 신앙의 자유를 인간이면 당연히 누려야 할 보편적 권리의 하나로 당당하게 선포한 것이다. 황사영은 그가 살던 18세기 말에 이미 그리스도교가 온 지구상에 전파된 상황을 직시

---

1) 심재우, "저항권", 고려대학교 출판부, 2002.
2) 변태섭, "한국사 통론", 삼영사, 1986.
3) 사회과학출판사, "역사 사전 II", 사회과학원 연구소, 1971.
4) 유홍렬, "한국천주교회사", 조선 천주교회 순교자현양회, 1949.
5) 허동현, "근현대 학계의 황사영 백서관 연구", 한국민족운동사학회, 1987.

하고 다른 나라에서는 이를 용인하는 데 비해 조선만이 그리스도 교를 탄압하는 현실을 통탄하였다. 이러한 현실 인식에 기반을 두어 그는 '삼조흉언'으로 대표되는 과격한 방법을 사용해서라도 조선 정부가 그리스도교 신앙의 자유를 허용토록 조선 정부에 대한 국제적인 압력을 행사해야 한다고 주장하였다. 이는 바로 당시 정치세력의 종교 탄압에 대한 기본적인 국민의 최소한의 인권을 위한 저항권의 표출이라 할 수 있을 것이다.

19세기의 조선왕조는 천주교에 대한 엄청난 박해가 세기 초부터 시작되었다. 순조 1년인 1801년 천주교회와 천주교 신자들에게 대대적인 박해가 가해지는데 이를 신유박해라 한다. 1784년 이벽, 이승훈 등의 주도로 탄생한 천주교 신앙공동체는 1794년이 되어서는 신자 수가 약 4천여 명으로, 1800년 무렵에는 1만 명으로 크게 늘어났다. 하지만 이러한 과정에서 천주교는 조선의 전통 가치였던 유교와 충돌을 하게 된다. 조선의 주류 집단에서는 천주교의 교리들이 유교에 바탕을 둔 조선 사회의 전통적 가치들을 위협한다고 여겼다. 충과 효를 가장 중요하게 여기는 조선 사회는 임금과 부모가 가장 절대적인 존재였다. 하지만 천주교에서는 임금이나 부모의 뜻보다 하나님을 가장 절대적인 존재로 여기고, 천주교의 교리를 우선 지키고 따라야 한다고 여겼다. 이에 조선 사회는 천주교 신자들을 임금도 부모도 몰라보는 무리라 하여 탄압하기 시작하였다. 또한, 천주교의 평등사상은 양반 중심의 신분 질서 근간을 무너뜨릴 수 있다는 분위기가 만들어졌다. 이러한 분위기 속에서 천주교 신자들을 처벌하자는 주장이 제기되었으나 당시 정조 임금은 유교를 바로 세우면 천주교는 저절로 소멸할 것이라 여겨 비교적 온건한 정책을 유지하였다. 1800년 6월 정조가 사망하고 11세의 어린 순조가 즉위하면서 상황은 급변하였다. 순조의 후견인으로 정사에 간여한 대왕대비인 정순 왕후와 노론 벽파는 시파를 조정에서 축출하고 천주교에 대한 박해를 가하기 시작하였다.

천주교 신자들이 박해를 받은 이유 중 가장 중요한 것은 당시의 유교 교리와 천주교 교리 사이의 커다란 차이 때문이다. 당시 노론은 이전부터 자신들의 권력 기반을 강화하기 위하여 주자학적 이념을 더욱 강조하고자 하였다. 주자의 학설에 이의를 제기하면 소위 사문난적(斯文亂賊, 유교를 어지럽히는 도적이란 뜻)이라 하여 자신들의 주장과 다르면 철저히 배척하는 등 사상적 유연성을 잃고 있었다. 이러한 사회적 상황에 일부 지식인들은 사회 개혁을 위한 새로운 사상을 모색하였고, 그러는 가운데 중국으로부터 한역서학서가 소개되었다. 그리하여 남인 학자들이 서학(西學)에 관심을 갖게 되었고, 이를 통해 천주교를 알게 됨으로써, 조선 사회에 자생적으로 천주교가 탄생하게 되었다.

하지만 천주교의 교리는 유교의 그것과 정면으로 배치되었고, 당시 조선 사회의 주된 권력 세력이었던 노론과 이를 개혁하려던 일부 비주류 지식인들의 충돌은 피할 수 없었던 상황이었다. 주류였던 벽파는 이를 유교 사회에 대한 사상적 도전이라 여겨 철저하게 천주교를 박해하는 배경이 되었다.

황사영(1775~1801, 알렉시오)은 한국의 천주교회 사상 가장 문제가 있는 인물 중 한 명으로 알려져 있다. 그는 1801년 조정의 천주교 박해로 교회가 멸절될 위기에 처하자 이를 타개하고 조선 교회를 재건할 방책이 담긴 서한(일명 황사영백서)[6]을 북경의 천주당으로 보내려다 발각되어, 자신은 능지처참 되고 그 가족은 모두 먼 곳으로 흩어져 유배되며 모든 재산은 몰수당하는 무서운 처벌을 받았다. 또한, 그의 백서를 북경교회에 전달할 책임을 맡았던 황심, 옥천희와 그를 제천의 배론으로 은신하도록 안내해주고 그에게 시시각각으로 박해의 상황을 알려주던 김한빈 등도 모두 참수당하였다. 이처럼 백서와 관련된 인물들이 모두 엄청난 희생을 당한 것은 백서에 담겨 있던 내용이 당시 조선왕조의 부패하고 무능한 정권에 대한 일대 혁명을 수행하고 새로운 이상사회를 건설하려는 과격하고도 급진적인 사상으로 가득 차 있었기 때문이다.

황사영은 창원황씨 회산공파 17대손으로 1775년 부친 황석범과 모친 이윤혜 사이에서 유복자로 태어났다. 그의 자는 덕소, 호는 비원이었으나 주로 시복(時福)이라고 불렸으며 세례명은 알렉시오였다. 남인에 속했던 그의 가문은 황사영의 부친 황석범이 정5품인 정랑직을 역임했고, 그의 모친은 이승훈의 먼 친척이었다.

---

6) 백서(帛書)는 비단에 쓴 글이란 뜻으로 황사영백서는 길이 62cm, 폭 38cm의 흰 비단에 아주 가는 글씨로 1만 3천여 자가 쓰여 있다.

황사영은 16세의 어린 나이인 정조 14년(1790년)에 사마시에 합격하여 진사가 되었는데 특히 정조로부터 특별한 칭찬과 총애를 받게 되었다. 그는 같은 해에 정약현의 딸 정명련과 결혼한 것을 계기로, 처삼촌 되는 정약종으로부터 천주교에 대한 가르침을 받고 이에 매료되어 그의 생애에 커다란 전환점을 맞이하게 된다.

1791년 황사영은 그의 외척인 이승훈으로부터 천주교 서적을 얻어보고, 정약종, 홍낙민 등과 함께 신앙에 관해 학습하고 토론하다가 1795년 주문모 신부에게 알렉시오라는 세례명으로 세례를 받게 된다.[7] 이로부터 황사영은 버슬길에 대한 미련을 버리고, 오로지 천주교 서적을 만들어 사람들에게 전파하고 그들을 신앙의 울타리 안으로 끌어들이는 일에만 전념하였다. 그리하여 주문모 신부로부터 그 능력을 인정받고 정약종이 회장으로 있던 명도회의 주요 회원으로 활동하면서 그 하부 조직인 육회의 하나를 지도하게 된다. 당시 황사영이 지도하던 모임에는 남송로, 최태산, 손인원, 조신행, 이재신 등의 교우들이 활동하고 있었는데 남송로 외에는 모두 평민 이하층에 속하는 것으로 알려진다.[8] 이는 황사영 자신이 천주교에 입교한 이후 스스로 양반 사족(士族)으로서의 지위와 특권을 포기하면서, 당시 사회의 신분 질서를 떠나 여러 계층의 교우들과 함께 매우 결속력이 강한 신앙공동체를 조직하였던 것과도 부합한다. 1796년 황사영은 당시 교회의

---

7) 하성래, "교회사 연구" 13, 한국교회사연구소, 1998.
8) 한국교회사연구소 편, "만남과 믿음의 길목에서", 1989.

주요 인물이었던 이승훈, 홍낙민, 유관검, 권일신, 최창현 등과 함께 주문모 신부의 뜻을 받들어 북경의 구베아 주교에게 바다를 통한 선교사의 파견을 요청하는 서한을 발송하는 일에 관여했다. 그는 때때로 주 신부를 자기 집에 모셔놓고 성사를 받기도 했으며, 신자들을 7일마다 불러 모아 미사를 보기도 했다. 1801년 신유박해를 즈음하여 천주교 신도들 사이에서 양반으로서는 정광수와 함께 가장 높은 지도자로 지목되기도 하였다.

1801년 신유박해가 일어나서 정약종, 최창현 등 교회의 지도자들이 거의 대부분 체포되고 심문을 당하는 과정에서 황사영의 이름이 여러 번 나왔기 때문에 그도 포졸들의 추적 대상이 되었다. 그러나 그는 관의 추적을 피하여 제천 배론 김귀동의 집으로 피신하였다. 옹기점을 하고 있던 김귀동은 김한빈과 함께 집 근처에 땅굴을 파고 약 8개월 동안 황사영을 숨겨주었다.

황사영은 배론의 땅굴 속에 기거하면서 이웃에 살던 김세귀, 김세봉 형제에게 교리를 가르쳤으며, 김한빈으로부터 박해의 진상과 주문모 신부의 순교 소식을 전해 듣고, 쓰러져 가는 조선교회를 재건하기 위한 여러 방안을 연구하는 데 전념하게 된다. 이리하여 틈틈이 써 놓은 글을 정리하고 모아 북경 주교에게 도움을 요청하는 글을 적으니 이것이 바로 황사영백서(帛書, 즉 비단에 쓴 글)다.

황사영은 배론으로 그를 찾아온 황심과 함께 옥천희를 통해 백서를 전달할 계획이었다. 그러나 9월 15일 황심이 체포되고, 이어 9월 20일 옥천희가 체포되었으며, 황심의 진술에 따라 9월 29일 황사영마저 배론에서 체포되었는데 이때 황사영의 옷 속에서 백서가 발견되었다. 황사영과 함께 백서를 북경 천주당에 전달할 계획이었던 황심은 이미 1798년과 1799년 두 차례에 걸쳐 마부의 명색으로 북경에 가서 주문모 신부의 편지를 구베아 주교에게 전달하였던 교우였고, 옥천희는 황심의 부탁으로 1800년 가을부터 같은 방법으로 북경에 드나들면서 조선교회와 북경교구의 연락을 담당했던 교우였다.

1801년 10월 23일 황심은 모역 동참죄로 능지처참 되었고, 김한빈은 지정은닉죄로 참수되었다. 이어 11월 5일 황사영이 대역부도 죄인으로 서소문 밖에서 능지처사 당하였고, 같은 날 옥천희는 지정 불고죄로 참수되었다. 황사영의 모친(이윤혜), 숙부(황석필), 아내(정명련), 아들(황경한)등도 각각 섬이나 변방으로 귀양을 갔으며, 재산과 종들은 관가에 몰수되었다.

그는 신행일치(信行一致)의 정신으로 자신이 옳다고 믿는 바에 대하여는 어떠한 사회적 통념에도 구애되지 않고 철저히 실천하고자 했던 일세의 기인이었다. 따라서 그가 쓴 백서는 대쪽같은 그의 기인적 성품이 그대로 반영된 결과물이라 할 수 있다.

황사영이 백서를 쓸 당시의 시대 상황을 보다 더 자세히 살펴볼 필요가 있다. 황사영은 당시의 정치를 세도정치의 전형으로 보고 있다. 그는 "이씨가 미약하여 끊어지지 아니함이 겨우 실낱같고, 여왕이 정치를 하니 세력 있는 신하들이 권세를 부리어 국정이 문란하고 백성들의 심정은 탄식과 원망뿐이다"라고 지적하고 있다. 황사영은 당시의 정국이 견제받지 않는 벽파의 강한 정치세력과 정순 왕후의 개인적 원한에 의해 움직이고 있다고 생각하였다.

당시 조정은 강력한 신하들의 국정 농단이 있었다. 황사영에 따르면

"本國士大夫 二百年來 分黨各立 有南人 老論 少論 少北 四色之目 先王末年 南人又分而爲二 一邊則李家煥丁若鏞李承薰洪樂敏等若干人 皆從前信主 偷生背敎之人 外雖毒害聖敎 中心尙有死信 而同黨鮮少 勢甚孤危 一邊則洪義浩睦萬中等 眞心害敎之人 十年以來 兩邊結怨甚深.

老論又分而爲二 曰時派 皆承順上意 爲先王心腹之臣 曰僻派 皆力守黨論 抗拒上意 與時派如仇讐 而黨衆勢大 先王畏之 近年擧國而聽之.

우리나라의 사대부들은 2백년 전부터 당파가 생겨서 서로 대립하였습니다. 남인, 노론, 소론, 소북의 네 당파가 있었는데, 선왕의 말년에 남인이 다시 나뉘어 두 파가 되었습니다. 그 한편은 이가환, 정약용, 이승훈, 홍낙민 등 몇몇인데 모두 전에는 주님을 믿었으나 구차하게 목숨을 아까워하여 성교를 배반한 사람들입니다. 그들은 겉으로는 성교를 해쳤지마는 마음속에는 아직도 신앙을 위해 죽을 생각이 있었는데, 그 당파의 사람은 수가 아주 적

어서 세력이 몹시 외롭고 위태로웠습니다. 또 한편은 홍의호, 목만중 등 진심으로 성교를 해치는 사람들인데, 십 년 이래 양편은 서로 깊이 원한을 맺었습니다. 노론도 역시 두 파로 나뉘었는데 시파라는 것은 임금의 뜻을 받들어 순종하여 심복의 신하가 되었고, 벽파라는 것은 당론을 고수하는 데 힘써 임금의 뜻에 항거하므로 시파와는 원수처럼 되었으나, 당의 형세가 매우 커서 선왕도 이를 두려워하였고, 근년에는 온 나라가 그들의 말에 귀를 기울였습니다."

즉, 벽파를 정조 임금마저 두려워했으며, 정조 사후에 더욱 세력이 강해진 신하들이 국권을 농단하는 상황이었다. 또한, 당시 나이 어린 국왕의 등극으로 인한 대비 등 국왕 대리인에 의한 사사로운 정국의 운영이 있었다. 황사영은 대왕대비의 집권 이후 시파 출신의 신하들이 쫓겨났고, 그 결과 벽파는 더욱 견제받지 않는 권력을 휘두르고 있다고 보았다. 즉 정조의 뜻밖의 사망으로 나이 어린 임금이 그 뒤를 이었고, 대왕대비가 수렴청정을 하게 되었는데, 뜻밖의 정권을 잡게 된 대왕대비가 사사로운 정치를 자행했다는 것이다. 황사영에 따르면 "곧 선왕(정조)의 계조모로서 본래 벽파 출신이었는데 일찍이 선왕에 의해서 폐가가 되었던, 친정의 원한을 풀기 위해 벽파를 끼고서 흉독한 짓을 마음대로 했다"라는 것이다. 즉 선왕의 장례를 마치자마자 관직에 있던 시파를 모조리 몰아내 조정의 반이 비게 되었는바, 이처럼 사적인 감정으로 정치를 좌지우지하는 대왕대비인 정순 왕후의 존재야말로 세도정치를 낳은 장본인이라는 것이다.

강한 신하의 국권 농단과 정순 왕후의 사사로운 정치로 인한 국정의 문란은 조정에서 사사로운 인사행정과 법률의 자의적인 적용이 비일비재하였다. 그중에서 법률문제와 관련해 황사영은 정순 왕후의 갑작스러운 '사학금지령'이 그 이전의 법률과 배치되는 것임을 지적하였다. 즉 "무릇 이 나라 법률에는 역적죄가 아니면 형벌이 양반의 부녀자에게까지 미치지 않기 때문에 부녀들은 금령을 걱정할 것 없이 사학으로 간주된 천주교를 믿을 수 있었다. 그런데 정순 왕후는 그때까지 존중되어 오던 원칙을 뒤집고, 천주교도들을 반역죄로 다스리겠다면서 '오가작통법'을 만들어 사대부는 물론 부녀자들까지 처벌하였다. 이 때문에 각처가 시끄러워지고 환난의 불꽃이 더욱 일어 교우들은 더욱 손발을 둘 곳이 없게 되었다"라는 것이다.

황사영은 또한 당시 조선 병력의 나약함과 기강의 부재를 지적하고 있다. "우리나라는 병력이 본래 잔약하여 모든 나라들 가운데 제일 끝이온대 하물며 이제 태평한지 200년이 되어 백성들은 군대가 무엇인지 모르고 위로는 지휘할만한 임금이 없으며, 아래로는 어진 신하가 없는 실정이다. 따라서 자칫 불행한 일이 있으면 흙처럼 무너지고 기왓장처럼 흩어질 것을 서서 기다리게 되었다"라고 하였다.

백서에는 당시 세도정치의 특징인 노론 벽파와 정순 왕후에 국권의 자의적인 농단과 그로 인한 국정의 문란과 민심의 이반현상을 적나라하게 보여주고 있으며, 이는 순조실록에 기록된 순조 초년기의 정국 상황과도 부합되는 것으로 보인다. 순조 초기에는 관작이 무질서하게 주어지고 척신끼리의 불화로 억울한 죽임을 당하는 사례가 빈번히 일어났다. 순조실록에 의하면 순조 원년 10월 "작년에 정조 승하 이후로 관작을 제수함에 있어 차례가 없어서 척신을 일대 서생에서 7, 8개월 만에 급작스럽게 장병의 직임에까지 오른다"라고 하였다. 혜경궁 홍씨의 아우 홍낙임이 잘못도 없이 정순 왕후 계열인 김용주와의 오랜 불화로 인하여 죽임을 당하기도 했다. 또한, 염탐하는 관리가 파견되어 다섯 도를 두루 돌아다니며 오가작통법을 심히 엄중하게 발동하는 상황에서 민심이 안정될 수는 없었다. 국청과 관련하여 이교의 무리가 도리어 이를 인연하여 간계를 부리며 기화로 여겨 외람되게 평민들에게 파급해서 옥석을 가리지 않고 모두 불태우는 폐단이 있었고, 천주교인들을 조사하는 과정에서 포도청에서 매우 많은 사람을 체포하여 처형하는 경우 외에도 형옥에서 많이 사망했던 것도 민심 이반과 밀접한 관련이 있다.

이런 상황에서 '대역부도의 죄'로 몰린 황사영 등 천주교도들은 정당성이 없는 세도 정권에 대한 충성을 거부하는 것은 물론 국가의 힘으로 종교의 자유마저 보장받기 어려우니 서양의 힘을 빌려서라도 잘못된 정치를 바로 잡겠다는 생각을 하게 된 것이다.

이러한 황사영백서에 대한 조정의 반응은 초기에 의외로 침착하였다. 백서의 내용을 접한 지 5일 후에 이 문제가 거론되었다. 이는 황사영이 체포된 때는 천주교 문제와 관련하여 남인과 시파의 핵심 세력이 거의 제거된 때로서 정순 왕후는 잠시 이 사건을 미루어 국정을 안정시키려고 하였다. 즉, 연초에 이미 이가환, 이승훈, 정약종 등을 처단하였으며, 5월에는 자신의 오랜 정적이었던 은언군 이인과 홍낙인을 사사시켰다. 7월에는 정조 당시 시파의 핵심이었던 정민시의 관직을 추탈했고, 9월에는 유배가 있던 윤행임까지 사사시킴으로써, 시파의 중심세력이 거의 제거된 시기였다. 하지만 벽파의 신하들은 계속해서 시파의 새로운 대상을 찾아 공격하였는데, 이때 정순 왕후는 "조상이 무너지고 갈라질 뿐만 아니라, 무릇 세신(世臣)들 가운데 한 사람도 온전히 보존할 길이 없을 것"이라 하였다.

이는 1년 가까이 계속되는 공안정국에 대한 부담감이 커진 상황에서 백서사건 발생했고, 정순 왕후는 국세를 진정시키기 위해 이 문제를 될 수 있는 대로 확대하지 않으려 했다. 또한, 백서에 나타난바 대국(중국) 사람 주문모 처형 사실이 알려져 초래될 수 있는 중국과의 갈등 문제로 인해 조정의 황사영백서 사건을 다루는 데 있어 신중했던 것으로 보인다.

백서의 내용과 관련해 가장 우려한 것은 중국과의 관계였다. 백서의 내용에는 황사영이 주문모 이하의 여러 죄인이 당한 일을 서양인에게 황사영이 상세하게 보고하려 하였다. 실제로 1801년 4월에 이미 주문모 신부를 처형한 사실을 비밀에 부쳐왔던 조정으로서는 황사영의 글을 보고서 이 문제가 자칫 심각한 외교적 갈등으로 비화될 수 있음을 인지했다. 순조실록에 의하며 "이미 주문모의 일이 있었으니 중국에서 반드시 처음부터 끝까지 알지 못했을 이치가 없을 것이라면서 이같이 큰일을 황제에게 어떤 형식으로든 보고를 해야만 뒷날에 폐단이 없을 것"이라고 하였다.

사실 이 문제는 주문모 신부의 처형과 관련해 정순 왕후와 대신들이 우려했던 것이 현실화된 것이라 할 수 있다. 기록에 따르면 "소국에서 대국의 사람을 함부로 죽이는 것은 도리로 헤아려 보더라도 매우 불가한 일인데 그가 중국의 사람이라는 실상이 온 나라 사람들이 알지 못하는 사람이 없는데 이렇게 한다면 후환이 없겠는가?"라고 하였다.

황사영 역시 주문모 신부 처형 사건이 중국조정에 보고됨으로써 야기될 수 있는 문제점들을 검토한 것으로 보인다. 천주교 문제로 중국인이 조선에서 처형되었음을 알면 중국조정이 오히려 북경 본당에 해를 끼칠 수도 있다고 생각했다. 그런데 황사영은 이 문제를 가지고 조선 조정을 역으로 협박할 수 있다고 보았다. 즉 그는 "이 나라는 중국 선비를 사사로이 죽인 죄가 드러나 중국 조정에 의해 문책당할까 두려워서 감히 보고도 못 할 것"인데, 교황이 조선에 편지를 보내어 "내가 마땅히 중국에 사신을 보내어 조선의 죄를 중국조정에 고하여 그 죄를 문책하는 뜻을 밝히겠다"라고 할 수 있다는 것이다.

백서의 내용 중에서 조정이 가장 민감한 반응을 보인 것은 주문모 신부 처형에 대한 보고로서, 정부의 입장을 바꾸어 놓는 결과를 가져왔다. 즉 정순 왕후 등은 중국이 대국의 사람을 죽인 것을 트집 잡을 경우 양국 사이에 갈등이 야기될 수 있다고 보고, 이 문제를 감춰왔던 종래의 태도를 바꾸어 외교채널을 통해 중국에 정식으로 보고하였다.

황사영의 백서의 머리말에는 '죄인 도마'로 시작하여 발신인이 토마스 황심으로 되어 있으나 실제로 작성한 이는 황사영이라는 것이 추국 과정에서 분명히 밝혀졌다. 수신인은 중국의 북경 교구장으로 있던 프란치스코회 소속의 포르투갈인 구베아 (Alexandre de Gouvea) 주교였다.

백서는 그 내용상 크게 서론(1~6행), 본론(7~88행), 결론 및 대안(89~122행) 등 3개의 부분으로 나누어진다. 서론은 정조 19년(1795년) 주문모 신부를 체포하기 위해 일으켰던 을묘박해와 신자를 가장한 조화진의 밀정 때문에 충청도의 신자들이 집단적으로 체포 구금되었던 정조 23년 청주지방의 박해 등에 관해 서술한 뒤, 정조의 서거(1800년) 후 남인 시파에 대한 노론 벽파 정권의 대대적인 탄압으로서 일어난 신유박해(1801년)에 대하여 설명하였다. 수백 명의 목숨을 앗아간 신유박해 이후 재산을 몰수 당하고 각지로 흩어져 도망치게 된 교우들의 어려운 사정들을 자세하게 썼다.

본론은 황사영 본인이 신유박해에 대해 직접 목격하였거나, 가까운 사람들로부터 전해 들은 교회 관련 사건들을 정리하여 보고하고 있다. 여기에 언급된 사람들은 최필공, 이중배, 김건순, 최필제, 오석충, 정약종, 최창현, 임대인, 홍교만, 홍낙민, 이승훈, 이가환, 권철신, 김백순, 이희영, 홍필주, 강완숙, 조용삼, 이존창, 권일신, 유항검, 이안정, 윤지헌, 은언군의 부인인 송마리아, 그의 며느리 신마리아 등이다. 이들의 신앙 활동과 체포와 죽음에 대한 상세한 기록 외에도 1799년 청주 박해와 1801년 순교 사실, 주문모 신부의 입국과 사목활동 및 심문 광경, 순교와 이에 이은 기적 현상 등에 이르기까지 교회의 여러 사적을 상세히 기록하고 있다.

또한, 조선 사대부들의 당쟁과 남인의 분열 및 노론의 대립 등 정국 상황에 대한 설명, 그리고 사건을 가급적 확대하지 않으려 했던 정조의 사망 이후, 정순 왕후가 주도하는 벽파가 여러 해 동안의 품고 있었던 원한을 풀기 위해 천주교와 연관하여 시파를 공격하고 있다는 설명이 있다.

결론 부분은 문제 해결의 대안을 제시한 부분으로 박해로 인해 교회의 어려운 상황을 얘기하면서 박해가 얼른 그쳐 신자들이 안심하고 살아갈 수 있기를 간절히 열망하고 있다. 특히 북경교회와 조선교회가 유기적인 연락을 취할 수 있는 다양한 방법과 조선교회가 신앙의 자유를 얻고 교회를 재건하는 데 필요하다고 생각했던 방안들이 5가지 정도로 제시되어 있다.

황사영을 비롯하여 백서와 관련되었던 천주교 신자들이 엄청난 처벌을 받게 된 것은 이 다섯 가지 방안 중에 당시에는 조정의 관료들이 입에 담기조차 어려운 이른바 '삼조흉언(三條凶言)으로 표현한 대단히 혁명적인 의견들이 포함되어 있었기 때문이었다. 백서의 결론이었던 황사영의 교회 재건 방책은 다음과 같다.

첫째 서양 국가들의 재정적 지원을 요청한 것이다. 황사영은 박해로 인해 풍비박산이 난 교회가 다시 일어서기 위해서는 우선 자금이 필요하다고 하였다. 그는 교황이 서양 각국에 조선교회의 재건에 필요한 재정적 지원을 요청해달라고 하였다.

둘째는 조선교회와 북경교회의 원활한 연락 방법을 제시한 것이다. 이는 조선의 정기 사절이 매년 북경으로 가는 길목에 있는 책문을 안전하게 통과하는 방법이었다. 18세기 중반 이후에는 조선왕조는 중국 사치품의 국내 수입을 방지하기 위해서 그리고 18세기 후반에는 사치품뿐만 아니라 천주교 관련 서적과 천주교도의 왕래 등을 엄하게 다스리기 위해 의주의 경계를 강화함과 동시에 청에도 책문의 경계를 강화해 달라고 요청하였다. 조선교회가 북경교회와 유기적인 연락을 취하기 위해서 황사영은 두 가지 방책을 제안했다. 그 하나는 조선의 젊은 교우를 북경 천주당에 파견하여 조선어를 가르쳐 중국인 심부름꾼을 확보하는 것이며, 다른 하나는 중국의 교우를 책문 안에 이주시켜서 점포를 차려 왕래하는 거점으로 삼자는 것이었다.

셋째는 교황을 통해 청 황제가 조선에 외교적 압력을 가함으로써 가톨릭 신앙의 자유를 보장할 수 있게 해달라는 것이다. 조정에서 문제 삼은 삼조흉언 중 첫 번째 흉언에 해당한다.

넷째는 청이 조선을 실질적인 속국으로 만들어 전교(傳敎)의 자유를 보장하라는 방책이다. 이는 안주와 평양 사이에 무안사(撫按司)를 개설하고 친왕을 임명하여 조선을 감독하고 청나라 황실의 공주를 조선왕에게 시집보내어 조선왕을 사위 삼으라는 것이다. 이는 삼조흉언의 두 번째에 해당한다.

다섯째는 이상의 방책들이 통하지 않을 경우 최후의 수단으로 서양 선박 수백 척에 5~6만 명의 군사와 대포 등 무기를 가지고 와 조선왕조를 문책하라는 것이다. 이는 삼조흉언의 세 번째에 해당한다.

이를 좀 더 자세하게 살펴보면, 황사영은 당시 집권 세력이 천주교 신자들의 신앙의 자유를 침해하고 조선에서 신앙공동체인 교회를 완전히 말살하려는 조직적인 폭력을 행사한 것에 주목하였다. 그는 백서에서 이러한 상황을 "천주교가 뒤집혀 엎어질 위험에 있고, 천주교도를 포함한 살아있는 백성들이 죽는 고통에 있다"라고 하고, 그는 서양 선교사들의 활동으로 동양에도 그리스도교가 널리 전파되어 있는 상황을 보고, 중국과는 달리 천주교에 대한 잔인한 박해정책을 강행한 당시 조선의 집권 세력들의 우매함을 비판하였다. 이는 그의 백서에 아래와 같이 표현된다.

"罪人等如群羊之走散 或奔竄山谷 或棲遑道路 莫不飮泣吞聲 酸心通骨 而晝宵盻望者 惟上主全能 大爺洪慈 伏望誠求主佑 大施憐憫 拯我等於水火之中 措我等於 席之上如今 聖敎已遍天下 萬國之人 無不歌詠聖德 鼓舞神化 而顧此左海蒼生 孰非上主赤子 地方避僻 聞敎 晚 氣質孱弱 耐苦狼難 而十載風波 長在淚泣憂愁之

中 今年殘害 更出夢寐思想之外

　저희들은 마치 양 떼가 달아나 흩어진 것처럼 혹은 산골짜기로 도망쳐 숨고, 혹은 몸 둘 곳이 없어 길바닥에 헤매면서 눈물을 머금고 소리도 제대로 내지 못하며 흐느낍니다. 괴로운 심정이 뼈에 사무쳐, 밤낮으로 바라는 것은 주님의 전능하심과 각하의 넓으신 사랑뿐입니다. 엎드려 바라건대, 주님의 도우심을 정성으로 기구해 주시고 연민의 정을 크게 베푸시어, 저희들을 이 모든 환란에서 구원하시어, 저희들로 하여금 편안한 자리 위에 있게 하여 주십시오. 이제 성교가 이미 천하에 두루 전파되어 모든 나라 사람들이 성덕을 노래하고 하나님의 교화에 북을 치며 춤추지 않는 이가 없습니다. 우리나라의 백성들은 돌아보건대, 어느 누가 주님의 자녀가 아닌 이가 있겠습니까마는, 지역이 멀고 후미져서 가장 늦게 성교를 들었고, 기질이 잔약하여 괴로움을 견디기가 매우 어려워 십 년 풍파에 늘 눈물과 근심 가운데 있었는데 금년의 잔혹한 박해는 꿈에도 생각할 수 없이 나타난 일이었습니다."

　황사영은 백서에서 이러한 잔악한 박해가 집권 세력에 의해 조직적으로 행해짐은 조선왕조 역사에서 가장 처참한 대규모 살육을 가능하게 했다고 보았다.

"外敎傳言 正刑及獄中致斃者 合三百餘人 外鄕不與焉 朝鮮開國後 殺人之數 未有甚於今歲 未知其信否 又未知浪死者爲誰 致命者幾人 朝廷之必欲盡殺者 地位高 能文字之人 愚鹵賤人 或知而故遺 或治而不嚴 都下常人 頗有存者 二月望前事 皆罪人親見者 頗爲詳

悉 以後事 但憑傳說得聞 故甚爲 致命人事蹟 傳聞的實者 及平昔
稔知者 爲記述 而不過梗 而已 其餘不敢妄錄 然其中尙恐有未實
者 更當詳查 本神父自乙卯後 常住葛隆巴家 間或巡歷別所 而獨葛
隆巴知之 他無與知者

외교 사람들의 전하는 말에 의하면 판결을 받고 처형된 사람과
옥중에서 죽은 사람이 모두 합쳐 3백여 명인데 지방의 일은 여기
에 포함되지 않았다고 합니다. 조선이 개국한 이후로 사람을 죽
인 수가 올해처럼 많은 해는 없었다고 합니다마는 믿을 만한 말
인지 아닌지는 잘 모르겠습니다. 또 휩쓸려 죽은 사람이 누구이
고 순교한 사람이 몇인지도 잘 알 수 없습니다. 조정에서 반드시
죽이고자 한 사람은 지위가 높고 글을 잘하는 선비들입니다. 어
리석고 천한 백성은 혹 알아도 모른 채 내버려 두고 혹 취조하여
도 그다지 엄하게 하지 아니하여 장안의 평민들은 목숨을 보전한
사람이 많습니다. 2월 보름날 전의 일은 다 저희 죄인들이 직접
본 곳들이라 상당히 자세하게 되어있습니다만 그 뒤의 일은 다만
소문으로 전하는 말을 얻어들은 것이기 때문에 매우 소홀하고 간
략합니다. 순교한 이들의 행적은 분명하게 전해 들은 것과 평소
에 익히 알고 있는 것을 간략하게 적은 것이라 그 대강의 줄거리
에 지나지 않을 뿐이고, 그 나머지는 감히 함부로 기록하지 아니
하였습니다. 그러나 기록한 것 가운데도 오히려 진실되지 못한
점이 있을까 염려가 됩니다. 마땅히 다시 자세히 조사해 보아야
할 것입니다. 신부는 을묘년(1795) 이래 늘 골롬바의 집에서 기

거하셨습니다. 간간이 혹 다른 곳을 돌아다니시기도 하였는데, 오직 골롬바만이 이 일을 알았고 다른 사람은 아무도 아는 이가 없었습니다."

황사영에 따르면 당시 집권 세력은 지식인들을 철저히 탄압하여 교회의 식자층을 전멸시키고, 오가작통법을 시행하여 주민 상호 간의 감시체제를 구축하며, 천주교도들을 마치 도둑과 같이 취급하여 중형으로 처벌함으로써 철저하게 신도들을 박해한 결과 최소한 서울에서만도 300여 명에 이르는 목숨을 살해하여 10년 동안 닦은 한국교회의 기반이 하루아침에 붕괴되었다는 것이다. 황사영은 이러한 종교의 자유는 모든 백성이 당연히 누려야 할 기본적인 권리로 생각했다. 이러한 기본적 권리를 부도덕한 집권 세력에 의해 유린당했으므로, 황사영은 비록 전제군주제 하의 조선 시대에 살고 있었으나 핍박받는 소수집단인 천주교 신자들의 공분을 대표하여 백서의 형식을 통하여 당시 집권 세력에 대한 신랄한 비판과 강력한 저항 정신을 표출하였다.

백서에 나타난 또 다른 저항 정신은 부당한 정치 질서에 대한 것으로 이는 종교의 자유와도 관련되어 있다. 황사영은 조선에서 천주교를 잔인하게 박해하는 것은 당파 간의 알력과 성리학 지상주의 때문이라고 파악하고, 본인이 속한 친서양파인 남인이 노론 벽파로부터 일거에 제거되었던 사실을 들었다.

"及先王薨 嗣君幼 大王大妃金氏 垂簾聽政 大王大妃 卽先王之繼祖母 本係僻派中人 本家曾爲先王所廢 因此積年懷恨 而莫能泄

意外臨朝 遂挾僻派而肆毒 庚申十一月 先王葬禮 過 卽將一班時
派 盡行放逐 朝內半空 因此積年懷恨 而莫能泄 意外臨朝 遂挾僻
派而肆毒 庚申十一月 先王葬禮 過 卽將一班時派 盡行放逐 朝內
半空 從前害敎之惡黨 素與僻派相連 見時勢大變 譁然 起 有大擧
之勢

　그런데 선왕이 돌아가시자 대를 이은 임금은 아직 나이가 어려
서 대왕대비 김씨가 수렴청정을 하였습니다. 대왕대비는 곧 선왕
의 계조모로서 본래 벽파 출신으로, 친정은 일찍이 선왕에게 폐
가를 당하였습니다. 그로 인하여 대왕대비는 여러 해 원한을 품
고 있었지마는 감히 입 밖에 내지 못하고 있다가, 뜻밖에 정권을
잡게 되자, 마침내 벽파를 끼고 거리낌 없이 학정을 폈습니다. 경
신년(1800) 11월, 선왕의 장례가 끝나자마자 시파 사람들을 모조
리 몰아내어, 조정 안을 절반 정도나 비게 하였습니다. 전부터 성
교를 해쳐오던 못된 무리들이 벽파와 서로 연결이 되어 있었는
데, 시세가 크게 변동되는 것을 보자 요란스럽게 들고일어나서,
크게 일을 저지를 형세가 되었습니다.”

　황사영은 정조의 준론탕평(峻論蕩平)을 지지해 주던 남인 시파
에 속한 사람으로 한때 정조의 총애를 받았던 전도유망한 예비
관료였다. 황사영과 함께 남인 시파에 속했던 사람은 채제공, 권
철신, 이가환, 정약용 등이었는데 이들은 모두가 정조가 신임하
였던 진보적 성향의 실학파 관료들이었다. 정조 시대에도 천주교
에 대한 박해가 있기는 했으나 이때는 천주교 문제로 인해 정조

가 그의 탕평 정국이 무너지기를 원하지 않았기에 노론 벽파의 친서파 공격을 문체반정(文體反政)이라는 방법으로 저지하면서 천주교 신자에 대한 처벌은 온건한 교화주의 원칙을 고수하였다.

정조 시대의 이러한 전개 과정과 순조시대 초기 대왕대비 중심의 급격한 반동적 흐름을 대조해 보면, 황사영은 일단 전제적 수렴청정과 세도정치를 배격하고, 정치세력 간의 견제와 균형을 이룬 탕평 정국으로의 회귀를 열망했던 것으로 보인다.

황사영의 이러한 열망은 백성들에게 고통을 주었던 세도정치, 대왕대비의 수렴청정에 대한 비판으로 이어졌고, 천주교 신봉의 덜미를 씌워 그의 동료인 시파 남인들이 대다수 정치 세계에서 축출된 것을 비판하지 않을 수 없었던 것이다. 이러한 황사영의 저항 정신은 노론 일당에 의한 권력의 독점으로 자신을 포함한 대다수 친서파 남인 계열의 관료가 정치에서 완전히 배제된 현실에 대한 저항이라고 할 수 있다.

황사영백서의 또 다른 요소는 국가 경제의 혼란 및 타락과 이로 인한 일반 백성들의 생활 파탄, 특히 소수로서 핍박받는 천주교 신자들의 극단적 궁핍에 대한 비판 정신이다. 천주교를 빌미로 견제 세력을 정계에서 축출하여 일당전제를 달성한 집권 노론 벽파는 과거제도를 독단하고 매관매직을 일삼았으며 수령권을 바탕으로 지방민에 대한 구조적 수탈을 감행하였다.[9] 이러한 관리들의 행태는 전정, 군정, 환정 등 국가 경제의 기본정책을 지칭하

---

9) 국사편찬위원회, "한국사 32", 1997.

는 삼정의 문란으로 이어졌고, 이에 저항하는 민중들이 전국 각곳에서 대규모 봉기를 일으켰던 것이다. 당시에는 대다수 민중들이 봉기를 일으키지 않으면 안 될 정도의 경제적으로 극단적 궁핍의 상황이었다.

"萬國之中 東國 貧 東國之中 敎友尤貧 僅免飢寒者 不過十餘人 甲寅做事時 接待凡節都 不能先期預備 司鐸到東之後 方 拮据 以 致每事窘束 此雖生疎未經事所致 實係貧寒力不逮而然 近年進敎 者稍多 財力少勝於前矣 然今年窘難之後 被難○○者 全家蕩盡 圖 生者 隻身逃命 貧因之形 反甚於甲寅以前 縱有計策 無路施行 今 雖破殘之餘 苟有財物 尙可有爲 未辦當行之事 引接未妥之人 至使 禍難如此其酷 則太半由於財難矣

모든 나라 중에서 우리나라가 가장 가난하고 이 나라 중에서도 교우들이 더욱 가난하여 겨우 굶주림과 추위를 면하는 사람은 불과 십여 명에 지나지 아니합니다. 갑인년에(1794) 일을 시작할 때 신부를 접대하는 모든 절차를 먼저 기약하고 준비하지 못하여 신부가 이 나라에 도착하신 후에야 바야흐로 일하는 것이 서로 맞지 않아서 일마다 군색하고 막히게 되었습니다. 이것이 비록 생소하고 경험이 없는 탓이라고는 하지마는 사실은 가난하고 힘이 없어 그렇게 된 것입니다. 근년에 입교하는 사람이 다소 늘어나고 재력도 전보다 조금은 나아졌습니다. 그러나 마땅히 해야할 일을 처리하지 못하고 온당하지 못한 사람을 이끌어 들여서환난이 이처럼 혹독한 지경에 이르게 한 것은 그 태반이 재정의 어려움에서 말미암은 것입니다. 금년 박해 이후에 화를 입은 사람은 전 재산이 다 없어졌고 살기를 도모한 사람은 홑몸으로 도망하여 가난한 형편이 도리어 갑인년(1794) 이전보다 더 심해졌으므로 설혹 무슨 계획이 있다 하여도 시행할 길이 없습니다. 지금 비록 일이 망가지고 부서진 뒤이지마는 진실로 재물만 있다면 아직도 할 일은 있습니다."

전제 정권과 부패한 관리들 밑에서 일반 백성들은 신음하였고, 특히 박해를 당해 일체의 경제력을 상실한 천주교 신자들의 경우는 전 세계에서 가장 가난하고 헐벗은 백성들이었던 것이다. 이에 황사영은 북경 주교가 유럽 제국에게 기근으로 멸망 직전에 놓여 있는 조선의 천주교도를 위해 구호금을 보내줄 것을 간절히 청했던 것이다. 이는 황사영이 천주교 신자들의 재산권을 비롯한 경제적 기본권, 생존권적 기본권이 집권 세력에 의해 부당하게 박탈당한 것에 대해 분노하고 저항했던 것이다.

이러한 황사영의 저항 정신은 종교적, 정치적, 경제적 기본권의 박탈에 대한 분노와 비판에서 비롯되었다. 이 중에서도 천주교 박해라는 종교적 탄압에 대한 저항이 가장 근본적인 것이라 할 것이다.

황사영의 백서 마지막 부분 중 서양의 무력을 동원한다는 내용에 대하여는 많은 논란이 있다. 즉 평화적 수단으로는 도저히 불가능할 경우 외부 세력의 도움이 필요하다는 주장에 대해 이제까지 많은 논쟁을 불러일으켰다. 이를 현대적 관점에서 이해해본다면, 오늘날 국제사회는 여러 번 평화적 권고를 했어도 인권탄압을 지속하는 국가에 대해 UN을 비롯한 여러 나라가 "인도적 간섭권"이라는 명목으로 그 국가에 대하여 경제적, 군사적 간섭을 단행하기도 한다. 어쨌든 대량적이며 중대한 인권침해가 발생한다면 먼저 평화적 수단을 취하고, 안 된다면 무력개입권을 발동시킬 수밖에 없다는 의견이 현 시대의 주류적 의견이라고 할 수 있다. 황사영이 백서에서 제안한 "서양의 큰 배에 군대 5~6만을 태워서 조선을 위협한다."라는 주장은 천주교도가 당시의 조정에 그 탄압의 결정적인 단서를 제공한 것은 어쩌면 부정적인 방법으로 보인다. 이로 인해 조선의 조정은 쇄국정책을 강화하게 되었고, 이를 빌미로 병인양요, 신미양요 등 외세의 침략으로 이어진 것은 부정할 수 없는 사실이다. 하지만 당시의 조선 운명은 내부적으로 정치, 경제 등 모든 분야에 있어 심각한 문제가 있었고, 외부적으로 서양 제국주의의 침략은 돌이킬 수 없는 세계사적 흐름이었다. 외교, 언론 등 평화적인 방법을 통해서 국제적으로 실현할 수 없을 때는 주권을 심하게 침해하지 않는 범위 내에서 국제사회의 무력 사용은 제한적으로 허용해 볼 수 있다. 제2차 세계대전 당시 히틀러의 나치 독재 정권에 대한 국제적인 협력이 없었다면 더 참혹한 어떤 일도 일어날 수 있었을 것이다.

백서의 이 부분은 한편으로는 단순한 시위용으로도 보이고, 다른 한편으로는 대규모 살상과 심각한 분쟁상태를 일으켜 또 다른 인권침해를 가져올 수 있는 위험천만한 발상으로도 보인다. 하지만 일국의 부당한 인권탄압을 종식시키기 위해서 국제사회의 조직된 힘이 그 대상국에 위협을 가하거나, 실제로 그 내정에 간섭하는 차원으로까지 정당하게 행사되고 있는 현대의 관점에서 볼 때, 황사영의 이 방안은 일면에서는 정당한 측면이 있다고 할 수 있다.

1801년 당시의 조선은 집권 노론 벽파가 대규모의 천주교 박해를 가해 인간을 동물과 같이 마구 학대하는 불법 질서가 존재하고, 인간의 존엄과 인권 및 종교의 자유를 무자비하게 탄압하던 전제주의 사회였다. 황사영이 그의 백서에서 주장한 '삼조흉언'은 그 내용이 어느 정도 극단적인 면이 있다 할지라도 종교의 자유를 비롯한 기본적인 인권의 회복을 목표로 하고 있었고, 언론 등 다른 방법으로 해결이 거의 불가능한 상황이었기 때문에 억압받는 소수의 최후의 수단으로서의 저항은 그 정당성을 충분히 인정받을 수 있다고 생각된다.

1801년 신유박해는 왕도와 덕치주의에 입각한 중세 조선사회의 통치 질서가 무너지는 심각한 조짐을 보여준다. 부도덕한 집권 세력에 의한 인권의 극단적 파괴 현상은 '종교의 자유'뿐만 아니라 정치적, 경제적 기본권마저도 함께 붕괴하는 조선 후기 사회의 커다란 문제를 보여준다. 이러한 때 유학 사상에서 그리스도교 신앙으로 개종한 지식인 황사영은 그 당시 집권 세력의 폭압적 통치행위에 저항하는 백서를 통해 국가권력에 의한 인권탄압을 전 세계에 고발하려 한 것이다. 그가 저항했던 대왕대비인 정순 왕후와 노론 벽파로 이루어진 세도 정권의 부도덕한 통치행위는 비판받기에 충분하다.

황사영백서는 어느 한 편으로 보아서는 신중하지 못하고 무모에 가까운 것이라 할 수도 있다. 황사영이 외세를 이용하여 종교의 자유를 획득하려고 한 것은 극단적인 시도였으며, 어찌 보면 허황된 생각이었는지도 모른다. 백서에 나타난 시도의 가능성과 한계를 고려한다면 황사영의 동기는 이해할 수 있지만, 이로 인해 다수 천주교도들이 죽게 되는 결과를 가져왔다. 황사영의 백서는 당시 세도 정권의 권력자와 벽파의 신하들은 물론 일반 백성들에게도 천주교인의 행위 자체를 황사영과 연관하여 역적으로 매도할 수 있게 하는 사회 분위기를 형성하기도 하였다. 황사영 자신도 서양의 군함과 군대를 동원하여 신앙의 자유를 얻으려는 계획의 실현 가능성과 정당성 여부에 다른 사람들이 회의적이라는 것을 알고 있었으며 자신의 계획이 가져올 파장도 알고 있었을 것으로 생각된다. 그럼에도 불구하고 그는 조선의 천주교 신자들이 종교의 자유를 위하여 직접 난을 일으키는 것보다는 중국과 서양의 도움을 받는 것이 더 이로운 방법이라고 생각했던 것이다. 황사영백서에 담긴 극단적인 생각은 당시 교회가 처한 절박한 상황 때문이었다. 당시의 시대 상황은 조선의 교회가 자체적으로는 처해진 난국을 헤쳐 나가기에는 너무나 큰 어려움이 있었기에 외부로부터의 도움이 유일한 방법이라고 생각했던 것이다. 하지만 종교의 자유를 전혀 인정받지 못하는 당시 사회에서, 더 이상 국가권력에 의지할 수 없었던 최후의 상황이 황사영이 백서를 쓸 수밖에 없었다는 사실에 주목해야 할 필요가 있다.

백서를 통해 알 수 있듯이 황사영을 비롯한 당시의 조선 천주교도들은 천주교의 이념과 원리는 물론이고, 교회의 조직과 운영방식에 대해서도 나름대로 일정한 지식을 가지고 있었다. 이들은 천주교의 이념이 사랑과 널리 베풀고 많은 사람의 영혼을 구제하는 데 있음을 알고, 이를 전교하는 일을 가장 중요한 사명으로 생각하였다. 이들은 자신들의 신앙 행위와 전교 활동이 정당하다고 생각했고, 이를 국가가 금지하고 탄압하는 것이야말로 오히려 큰 잘못이라고 보았다. 특히 이들은 일부 위정자들이 자신의 정치적 목적 때문에 자신들을 박해하고 있는바, 당시의 잘못된 정치와 나라 실정을 교황에게 상세히 고발하는 한편, 외세에의 힘을 빌려서라고 종교의 자유를 획득하고자 했다.

또한, 황사영의 백서는 조선 후기 지식인들의 정체성 재정립 과정을 보여준다. 즉 유교 이념에서 벗어난 천주교 지식인들은 이미 사상적 차원의 정체성 위기를 거쳐 자신을 유학자라기보다는 천주교도라고 정체성을 인식하게 되었으며, 거기에다가 세도정치에 의한 부당한 압력을 겪으면서 외세의 힘을 빌려서라도 종교의 자유를 얻고자 했던 것이다.

8. 일제 강점기 시대

종교는 정치나 사회적 상황과 무관할 수 없다. 일본 강점기 폭압의 권력에 의한 시대적 상황에 조선의 종교계는 그 불의에 굴복하지 않고 저항하였다. 일제의 침략에 저항하는 것은 종교에 있어서도 예외일 수 없었다.

1910년 일제가 한반도를 식민지로 만든 후 1945년 해방이 될 때까지 우리 민족과 교회는 우리 역사에 있어 가장 암울하고 참담했던 시절을 보냈다. 물론 세계사적으로 그 시대가 제국주의가 지배하던 시기였지만 일제와 같이 폭압으로 민족과 종교계를 괴롭히고 고통을 가한 나라는 역사상 없을 것이다.

일제의 식민지 통제 정책으로서 수행된 조선 총독부의 종교 정책은 여러 가지 방법과 수단으로 조선의 종교인들을 탄압하였고, 이에 저항하는 조선인과 종교계를 가차 없이 징벌하였다. 신앙의 자유는 결코 인간의 권력에 복종 되어서는 안 된다. 그것이 인간으로부터가 아닌 신으로부터 주어진 것이기 때문이다. 인간이나 국가권력이 이를 억압하고 구속한다는 것은 어떤 이유로라도 용납될 수 없다. 이에 우리 선조들은 일제의 칼날의 권력과 폭압에 저항하여, 국가권력에 의해 탄압받는 사회를 타파하고 진정한 신앙의 자유를 누리고자 온 몸을 던져 저항하여 왔다.

성경에서의 저항의 대표적인 예로서, 이집트의 폭정에서 저항하였던 모세는 이스라엘 민족을 신앙의 자유로 인도하였다. 20세기에는 독일 히틀러의 독재에 맞서 싸운 본회퍼는 진정한 신앙인으로서 표상이라 할 것이다. 이에 일제 식민지 시대라는 암울한 역사적 현실에서 진정한 신앙의 자유를 위해 저항하였던 우리 민족의 과거를 살펴보는 것은 의미가 있다고 할 것이다.

1905년 일제는 조선의 외교권을 박탈하고 통감부를 설치한다. 통감부의 종교 정책은 조선은 일제의 천황 종교의 통제하에서 종교 활동을 하게 하여 조선의 종교계를 통감부 하에 통제하려 하였다. 이토 히로부미는 소위 "정교분리원칙"을 천명하여 서양 선교사들의 정치 참여를 차단하고, 친일로 유도하며, 세계여론의 비판을 없애기 위한 홍보 도구로 활용하기 위하여 이러한 정책을 추진했다. 이는 선교사와 기독교회로 하여금 일제의 한국침략 정책에 관여하지 못하도록 하고 기독교 내의 반일, 항일 운동 세력을 저지하려는 목적이었다.[10]

본래 정교분리원칙은 서구 사회에서 종교의 자유를 보장하고 국가의 간섭을 배제하기 위한 것이었다. 선교사들은 처음부터 교회가 정치 문제에 개입하는 것을 염려하여 종교적 순수성을 지향하면서 기독교 비정치화를 추진했던 것이다. 그러므로 선교사들

---

10) 윤경로, 한국 근대사의 기독교 사적 이해, 역민사, 1992

은 일제의 이러한 원칙에 대해 쉽게 동조하고 협조하는 입장을 취하였다.

하지만 이토 히로부미의 이러한 종교 분리 원칙의 의도는 미국과 유럽에서 온 선교사들의 한국 정치에 대한 영향력을 차단시키기 위한 것이었다. 또한 선교사들의 비호를 받고 있는 조선인의 조직체 중 하나인 교회를 민족 운동 세력으로부터 차단시키기 위함이었다. 외국 선교사들은 통감부의 정교 분리 원칙에 찬동하며 조선인 신자들에게도 그렇게 가르쳤으나 조선인 신자들은 이에 전적으로 동의하지 않았다. 예를 들어 상동교회 청년회원들은 선교사의 만류를 뿌리치고 을사늑약에 반대하는 항의 기도회와 시위 운동을 펼쳤으며 많은 기독교인이 신민회에 대거 참여하였다.

외교권을 장악한 일제는 사실상 조선을 지배하고 있었지만, 자신의 지배에 방해가 되는 고종을 퇴위시킬 방법을 항상 생각해 왔다. 이때 제2회 만국평화회의가 네덜란드 헤이그에서 26개국의 대표들이 모여 개최되었을 때, 고종은 일제의 강압적 국권 수탈을 만방에 알리기 위해 비밀리에 전 평리원 검사 이준에게 신임장을 주어 파견하였다. 이준은 러시아를 경유하는 동안 블라디보스토크에 머물러 있던 전 의정부 참판 이상설과 러시아의 수도 페테르부르크에 있던 전 러시아 참사관 이범진의 아들인 이위종과 함께 헤이그에 도착하였다. 이들은 회의 며칠 전에 도착해 회의 의장이었던 러시아 대표 넬리도프를 비롯해 각국 대표를 방문하고 고종의 신임장을 제시하며 한국 전권위원으로 회의에 참석하게 해달라고 요청하였다.

그러나 일본의 방해로 실패하였고, 헤이그 주재 일본 공사의 전보로 이 사실을 알게 된 일제는 이 비밀결사를 파견한 것은 조약의 위반이라고 협박하면서 1907년 7월 고종을 퇴위시키게 된다. 일제는 이 여세를 몰아 정미 7조약을 강제적으로 체결하고, 조선의 군대를 해산시켰으며, 같은 해에 조선의 경찰권까지 완전히 장악한다. 당시 조선의 군대는 서울에 시위대 약 4천 명, 지방의 4,800명 정도에 불과하였다. 이 정도의 군대 수로는 일제 군대에 당할 수가 없었고 해산명령에 따라 모든 군인이 군복을 벗어야 했다. 이에 일제는 경찰력을 증강하고 일본인 헌병 2,000명과 헌병보조원 약 4,000명, 일본인 경찰관 2,000명, 조선인 경찰관 약 3,200명을 두어 일본의 헌병, 경찰 체제를 구축하였다. 그 후 일제는 군사력을 대량 확보하여 보병 2개 사단 약 4만 명의 헌병과 경찰, 그리고 약 2만 명의 헌병보조원이 전국에 고루 배치되어 조선 국민을 감시, 억압하였다.

이후 1909년 7월 일제는 조선의 주권을 완전히 빼앗을 목적으로 "한국병합실행에 관한 건"을 의결하고 일왕의 재가를 받아 1910년 조선을 완전히 합병하기에 이른다. 1910년 조선이 식민지가 된 후 일본은 군인을 통해 한국을 통치하였다. 초대 데라우치 마사타케부터 아베 노부유키까지 9명의 조선 총독은 모두 일본의 군인이었다. 이들은 헌병 경찰제를 통해 한국을 군대처럼 지배하였다. 무단통치라 불리는 이 기간 동안 그들은 한국을 완전히 식민지로 만들기 위해 강력한 경제, 행정, 입법 조치들을 하였다. 한국인들의 저항을 분쇄하기 위해 언론, 출판, 집회, 결사의 자유를 처절하게 박탈하였고, 일본 지배에 조금이라도 저항하는 것으로 판단될 때는 이에 해당하는 모든 사람과 단체를 뿌리째 뽑기 위하여 고문과 폭력, 심지어 사건을 날조하면서까지 폭정 하였다. 조선 총독은 일본 천황에 예속시키면서 행정권 이외에도 군 통수권과 통치권, 입법 기능에 준하는 권한까지 부여받았다. 따라서 조선 총독은 일본 내각의 간섭 없이도 조선에서의 입법, 사법, 행정의 삼권뿐만 아니라 군대의 통솔권마저 가진 절대권력자였다.

일제는 식민행정기구의 뒷받침으로 강력한 군 병력을 주둔시키고 헌병대를 배치하여 일반 사법경찰의 역할을 하게 했다. 식민지 주민의 정치 참여나 정치적 의사 발표는 전적으로 금지되었으며 조금이라도 정치적 색채가 있다고 인정되는 각종 단체는 일제히 해산시켰다. 신문과 잡지는 일본인 경영의 어용 출판에 한하여 허가하였고, 모든 집회는 비정치적인 것까지도 사전에 허가를 받도록 하였다.

일제는 한국의 모든 종교마저 그들의 관할 아래 두어 통제하기 위하여 사찰령으로 불교를 경학원법으로, 유교를 포교 규칙으로, 기독교를 그들의 통제 아래에 두어 황민화를 추진해 나갔다. 1911년에는 조선교육령과 사립학교 규칙으로 종교와 교육을 분리시켜 외국인 선교사들의 정치 불간섭을 도모하였다. 후에는 치안유지법, 민사령으로 일제는 한국교회를 조선 총독부 통제 아래 두고자 하였다.

1915년 조선 총독부가 선포한 포교 규칙은 교회의 인적, 물적 자산에 대한 현황을 파악하고 이를 통제하기 위함이었다. 포교 규칙은 표면상으로는 종교의 자유를 위한 것으로 포장하고 있으나 기독교에 대한 통제를 목적으로 교회의 성립 요건과 설립비, 지불방법, 조직, 포교자의 자격 요건, 교파, 포교 방법 등에 관한 규정으로 총독에게 허가를 받도록 한 것이다. 포교 규칙을 제정한 목적은 일제가 기독교계를 장악하여 총독부의 감독과 지배하에 두기 위한 기독교 통제 정책이었다. 기독교의 대한 통제가 조선 총독부의 당면과제가 된 것은 서양 선교사들을 의식한 것으로 포교 규칙과 사립학교법을 통해 총독부가 직접 규제할 필요성을 인식했기 때문이었다. 포교 규칙과 더불어 일제는 총독부령으로 "신사사원규칙"을 발표하면서 조선에 신사의 설립을 장려해 나갔다. 이에 따라 총독부는 국권 침탈 이후 관립신사 계획을 세우고 이를 추진하여 1925년에는 식민지지배의 상징인 조선 신궁을 세우고 여기에 '천조 대신'과 '메이지 천황'을 봉제하였다.

1919년까지 계속된 일제의 무단통치로 인해 집회와 단체의 형성이 불가능했던 가운데, 교회와 기독교 계통의 학교는 항일 저항운동의 구심점 역할을 톡톡히 하였다. 대표적인 예로 1907년 신민회 조직과 활동, 국채보상운동, 1919년 3.1운동과 임시정부

활동 등에 개신교 교인들은 적극적으로 한국의 독립을 위한 많은 민족 운동에 참여하였다. 1905년 을사늑약 이후 개신교와 민족 지도자들은 밀접한 관계를 맺고 일제에 저항하여 민족 독립운동에 적극적으로 참여하였다. 일제는 이러한 민족 독립운동에 참여했던 개신교와 그 단체 및 신도들을 온갖 수단과 방법으로 억압과 박해를 가했고 이로 인해 많은 개신교인의 죽음이 발생했다.

105인 사건은 국권 침탈 이후 조선인들의 독립운동 사전 방지와 제거, 일제에 협력하지 않는 외국 선교사들을 국외로 추방하기 위해 조선 총독부 경무 총감이었던 아카시 겐지로가 날조한 사건이다. 1908년부터 1910년에 걸쳐 일제는 친일 인사와 총독부에 대한 항일 테러 사건의 배후로 서북기독교로 판단하였다. 이는 1907년 안창호가 이동녕, 이동휘, 이승훈, 신채호 등과 기독교인들을 주축으로 신민회라는 비밀조직을 만들고 신민회의 취지에 따라 조선인들에 의한 학교들이 설립되었는데 이러한 학교들이 강력한 민족주의적 색채를 띠게 되었다. 대표적으로 평양에는 안창호가 대성학교를 평북 정주에는 이승훈이 오산학교를 건립했는데 철저한 항일정신을 바탕으로 민족교육의 본거지로 삼았다. 이로 인해 일제는 평안도 지방의 기독교 세력을 없앨 계책을 찾고 있었던 것이다.

이로 인해 일제는 평안북도 선천 역에서 당시 조선 총독이었던 데라우치를 암살하려는 테러 집단이 있다고 보고하였다. 이와 관련하여 서북지역의 수천 명의 사람을 예비 검속하였고 이 중 수

백 명의 개신교계 사람을 체포하여 갖가지 방법으로 이들을 잔혹하게 고문하던 중 전체 회원의 85%가 기독교인으로 구성된 비밀결사 단체인 신민회 조직을 파악하게 된다. 이 과정에서 김근형, 정희순은 옥중에서 고문을 받던 중 사망하였고, 수많은 사람이 불구가 되었으며 끔찍한 고문에 견디지 못한 사람들은 거짓으로 강요된 대로 자백할 수밖에 없었다. 이 중 123명을 총독 암살 미수 사건으로 기소되었는데 이 중 102명이 개신교인이었고, 105명이 유죄로 확정된 것이 105인 사건이다.[11]

이 105인 사건에서 평양에 거주하고 있던 선교사들은 이 사건의 경위를 자세히 써서 본국 해외 선교부 총무인 브라운(A. Brown)에게 보냈는데, 그는 처음엔 이 사건을 중요하게 다루지 않았다. 그러나 황성기독교청년회 총무였던 질렛(P. Gellet)이 사건의 경위를 중국에 있는 친구에게 알렸고, 그 중국인이 홍콩 데일리뉴스에 공개함으로써 외부세계에 알려지게 되었다. 이어 곧 다른 많은 언론에 보도되면서 세계여론의 초점이 되었다. 따라서 이때까지 소극적으로 나오던 미국 선교부도 공판이 진행되면서 사건의 허구성과 잔인무도한 고문의 실태가 폭로되자 이 문제를 일제의 기독교 박해라는 차원에서 접근하여 미국 정부와 접촉하면서 해결을 위해 힘쓰게 되었다. 이러한 노력으로 일제도 세계의 이목과 미국과의 관계를 고려해 이 사건을 2심에서 축소

---

11) 윤경로, "105인 사건과 신민회 연구" (일지사, 1990)

하여 처리하는 방향으로 전환되어 후에 105인 모두 무죄로 석방된다.

이 사건은 일제가 조선의 기독교 세력을 없애야 식민지 통치에 있어 용이하다는 인식하는 것을 보여주었고, 교회는 이러한 폭압에 굴복하지 않았다. 하지만 이러한 사건들은 당시 기독교 선교에 결정적 악영향을 끼쳐 발전과 증가 일로에 있었던 한국교회는 1년 만에 20,000명 정도의 교인이 감소하였다.

일제가 조선을 병탄한 후 조선에 대한 억압은 갈수록 악화되어 갔다. 일제는 조선에 대해 동화와 우민화 정책을 채택하였다. 동화정책이란 한국이라는 개념을 없애고 한국을 완전히 일본에 예속시키고 동화시키는 정책을 말한다. 이러한 정책은 일제의 치밀한 한국의 영구 식민지화를 획책하기 위한 수단이었다. 일제는 한국인의 신문, 잡지, 학술지들을 금지시켰고, 1911년 교육령을 발표하면서 교육령의 목적을 조선인들을 일본 천황의 충직한 국민이 되게 하는 것이었다. 이를 위해 일제는 조선의 고유한 역사적 독립성을 말살하려고 그 역사와 정통성을 부인하고 모든 역사서를 소각하는 만행 등을 자행하였다. 또한 각급 학교에서 역사와 언어 교육을 제한하였고 민족적 자긍심이나 민족주의를 자극하는 어떤 문학 작품도 철저히 색출하여 회수해 갔다. 반면에 일본사와 일본 문화의 우월성을 강조하여 조선인 스스로를 열등 민족으로 비하하도록 유도하는 정책을 폈다. 또한 조선인을 우민화시키기 위해 일제의 정책에 순순히 맹종하게 하는 정책을 수립하

여 하급 관리, 사무원, 근로자 양성을 위한 교육제도를 실시하였
다.

또한, 일제는 경제적 수탈을 자행했는데, 1910년 병탄 이후 일
제는 토지조사국을 설치하고 토지 조사령을 내려 8년 동안 토지
조사하고, 구한국 왕실 소유의 토지를 비롯하여 종교 사원의 토
지를 강제로 빼앗아 총독부가 소유한 토지 면적이 880만 정보,
동양 척식은 11만 정보였다. 등기되지 않은 토지는 총독부가 강
제로 압수하여 조선인들로 하여금 토지와 삶의 터전을 잃고 외지
로 떠나게 하였다. 그 결과 조선인 중 50만 명 정도가 일본으로
200만 명이 만주나 시베리아, 하와이 등지로 유랑의 길을 떠날
수밖에 없었다. 농토 외에도 광업, 임업 자원과 어업까지도 수탈
을 자행하였다.[12]

일제는 또한 교회를 조직적으로 억압하기 시작하였는데, 포교
규칙에 따르면 모든 성직자는 총독부로부터 자격증을 받아야 하
며, 교회나 종교 집회소를 신설 또는 변경할 때는 반드시 허가를
받아야 한다고 규정하였다. 이러한 모든 일에 대한 허가 제도로
모든 교회 활동을 철저히 제약하려고, 일본 경찰은 모든 예배를
감시하고 설교의 내용을 검열했으며 신자들이 모이는 거의 모든
모임을 감시하였다. 이 시기의 일제의 천황숭배와 신사참배는 한
국교회로 하여금 어쩔 수 없이 항일의 대열에 서게 하는 직접적

---

12) 강위조, 일본 통치하의 한국의 종교와 정치 (대한기독교서회, 1977)

동기가 될 수밖에 없었다. 일제의 박해가 심해질수록 이에 저항하는 민족의 내부적 저항은 쌓여갈 수밖에 없었다. 다만 때가 성숙하지 못해서 기다리고 있을 뿐이었다.

국내에서 조선 총독부의 무단통치가 계속되는 가운데 국외에서는 망명한 지도자들을 중심으로 일제에 저항하는 독립운동이 있었는데 그 대표적인 예가 1918년 상하이에서 결성된 신한청년단이었다. 이 단체는 여운형, 장덕수 등 개신교인이 주축을 이룬 단체였다. 후에 3.1운동의 주도적 역할을 한 여운형은 당시 상하이 한인교회를 담당하고 있었는데 신한청년단 상당수가 그 교회 출신이었다. 여운형은 1918년 윌슨의 민족 자결 원칙을 계기로 선천에서 이승훈, 이상재와 만나 이러한 사실을 알려주며 독립운동에 관련된 일을 도모하였다. 한편 재일 유학생들은 파리평화회의의 대표단에 힘을 실어주기 위해 1919년 초 독립선언을 하기로 결정하였다. 이들의 주도자는 송계백, 김도연 등이었는데 이들은 개신교인이었다. 한국 유학생 400여 명은 2월 8일 도쿄의 조선 YMCA 회관에 모여 독립선언서를 발표하였다.

이와 같은 국외의 움직임과 아울러 국내에서는 천도교 지도자, 개신교 지도자와 청년들을 중심으로 독립을 위한 준비를 하였다. 당시 1백만 명의 많은 신도를 가지고 있었던 천도교는 개신교 측의 이승훈 등과 함께 종교계의 연합을 통하여 항일 독립운동을 추진하였다. 연합전선을 펴던 종교계는 청년과 학생들과도 함께 독립운동을 제안하였고 이로 인해 광범위한 항일 운동이 가능하게 되었는데 이것이 바로 3.1 운동이다.

3.1운동의 직접적인 동기는 세계 제1차 대전이 끝나기 전 해인 1917년 미국의 윌슨 대통령이 밝힌 민족자결주의이다. 그가 주장한 14개 원칙 중 제5항이 약소국들이 강대국들의 통치로부터 벗어나며, 자신들의 문제는 자신들이 결정한다는 자결주의 원칙이다. 이 원칙은 1차 대전에서 패한 국가들의 식민지에 해당하는 것이지만, 일제의 억압 속에 살던 조선인들에게는 희망적인 소식이었다.

3.1운동의 또 다른 원인은 그해 정월 고종 황제가 갑자기 사망하였는데, 그의 사인이 일제의 독살이라는 소문이 퍼져 나가면서 백성들의 분노가 폭발한 것이었다. 이때 민족 지도자들은 고종의 국상 때 많은 사람이 모일 것을 예측하고 이 기회에 커다란 시위를 하기에 좋을 것으로 생각했던 것이다. 그리하여 고종의 인산일인 3월 3일 이틀 전인 3월 1일 거대한 일제에 대한 저항운동이 마침내 종교계와 학생들을 중심으로 터져 나왔다.

종교계와 학생들이 3.1운동을 주도할 수 있었던 것은 일제의 무단통치 아래서는 종교와 학교를 제외하고는 대부분의 집회와 결사가 금지되었기 때문이다. 개신교인들은 3.1운동 준비와 관련하여 신한청년단의 조직부터 도쿄의 2.8 독립선언, 그리고 3.1운동에 이르기까지 거의 모든 과정에서 일제에 저항하는 주도적인 역할을 하였다. 종교계 및 청년 학생들로부터 시작된 3.1 만세운동은 3월 중순까지 전국으로 확대되었으나 불행히도 일제의 무자비한 폭압에 의해 성공을 거두지 못하게 된다. 총독부는 헌병과 경찰 이외에 군대까지 동원하여 많은 시위자를 살상하고 체포, 구금, 고문하였다. 평남 강서에서는 일제의 무자비한 살상으로 43명이 사망하였고, 수원 제암리, 평북 정주, 간도 등에서 수많은 교인이 학살당하고 교회가 방화, 전소되었다.

통계를 보면 1919년 3월부터 5월 30일까지 3.1운동에 참여한 사람 중 사망자가 7,509명, 부상자 15,961명, 체포된 자 46,948명, 교회 파손 47개소, 민가 파손 715채였다. 1년 뒤인 1920년까지는 사망자 7,645명, 부상자 45,562명, 체포자 49,818명 이었다.[13]

3.1운동이 전국적으로 확산될 수 있었던 것은 한국의 개신교가 지도자, 운동가들, 그리고 조직을 제공하는 등의 많은 역할을 했기 때문인 것은 의심할 여지가 없다. 민족대표 33인 중 개신교인이 16명이었고, 만세 운동에 참여한 사람들 중 22%이상이 개신교인이었다.[14]

3.1운동으로 기독교는 민족적 고난에 동참하는 신앙의 전통을 수립하였고, 외래 종교라는 일반인들의 인식을 바꾸어 민족 종교로 발돋움하는 계기를 마련했다고 할 수 있다.

개신교 지도자들의 만세 운동 참여는 신앙고백의 행위였다. 이

13) 박은식, 한국독립운동지혈사 (소명출판, 2008)
14) Chung—Shin Park, Protestantism and Politics in Korea (Seattle, WA: University of Washington Press, 2003)

들은 하나님의 뜻에 따라 그리스도로부터 주어진 자유의 회복 운동으로 만세 운동에 참여하였다. 대표적인 인물인 이승훈은 "민족 자결은 천체의 혜택으로 되는 것"이라고 하였다.[15] 이들은 조선 총독이었던 데라우치와 하세가와의 무단정치 아래, 박해받고 유린당하고 있는 백성들의 울부짖음에 좌시하지 않고 그들과 함께 한 신앙 운동이었다. 3.1 만세운동을 주도한 개신교에 대한 일제의 보복은 잔인할 정도였다. 3.1운동 후 구금된 자 중 기독교 수감자는 3,426명에 이른다.[16]

3.1운동은 일제의 주권 탈취와 한국 강점에 따른 항일 운동의 정점이었다. 일제의 무단통치에 대해 평화적인 국민적 시위로 맞서 조선 민족이 살아 있음을 전 세계에 알린 사건이었다. 하지만 일제는 파리강화회의의 결정을 오해한 조선인들의 망동이라고 선전하고 민족대표로 3.1운동에 참여한 민족대표들을 내란 혐의로 적용하고 후에 보안법, 출판법 위반 등으로 기소하였다. 3.1 운동은 미래 주역이라 할 수 있는 젊은이들이 주도한 학생운동이자 피지배층인 민중의 운동이며 종교인들이 적극적으로 참여한 종교 운동이었다. 전국적으로 조직화할 수 있는 경우가 학생과 종교인들이기 때문이었다. 3.1 운동은 약 1년간 전국적으로 지속되었다. 국권을 상실한 지 10년 만에 일어난 대규모 비무장 평화 군중 집회였다. 각 마을의 면장까지도 일본인이 차지하고 토지

---

15) 한규무, "기독교 사상" 58, 663 (2014)
16) 김승태, "한국 기독교의 역사 II"(기독교 문화사, 2014)

수탈에 대한 원성은 대단하였다. 토지조사업에 불응했다는 이유로 토지주가 소작인으로 전락하고 친일파 외 지주들의 소유까지 다 빼앗긴 억울함을 짓눌러왔기 때문이었다. 이즈음 조선에 있던 선교사들은 일본인의 시각으로 조선을 이해하려 하였다. 하지만 언더우드와 스코필드가 3.1운동 관련 사진을 찍어 미국에 보냄으로써 미국 신문에 실리게 하고 이로 인해 조선에 대한 외국인의 인식 변화를 주었다.

3.1운동이 종교단체를 중심으로 시작된 것은 종교단체 외에 민족 운동 조직이 총독부의 탄압으로 와해된 상태에서 기독교와 천도교, 불교계가 독립에 대한 공감대를 형성하고 있었기 때문이었다. 그리고 종교에 대한 일제의 탄압이 마침내 저항운동으로 발전한 것으로 이해할 수 있을 것이다. 3.1운동이 비폭력 평화 운동 시위였다는 사실은 기독교적인 성격을 보여주는 것이라 할 것이다.

3.1 운동에 기독교계가 대거 참여할 수 있었던 것은 구한 말 이래 민족 구원을 열망하는 애국적 신앙에 그 뿌리를 두고 있다고 할 수 있다. 3.1운동에 참여하여 민족의 독립을 추구한 점에서 그 출발점은 모든 국민이 같은 염원이라 할 수 있으나 기독교인들은 민족의 독립이 하나님의 뜻이요, 하나님의 명령이라는 자의식이 형성되고 있었기 때문이다. 3.1운동으로 기독교는 민족적 고난에 동참하는 신앙의 전통을 수립하였고 외래 종교라는 일반인들의 인식을 바꾸어 민족 종교로 발돋움하는 계기를 마련했다고 할수 있을 것이다. 3.1운동 당시 조선에서 기독교인의 숫자는 대략

20~30만 명으로 추정된다. 하지만 기독교는 다른 종교보다 큰 역할을 수행한 것이 사실이며, 이 운동이 전국적으로 확산되어 나가는 데 있어서 중심역할을 한 것은 부인할 수 없는 사실이다. 기독교는 평신도를 포함하여 목사, 장로, 전도사, 교사 등 교역자들까지도 적극적으로 참여하고 앞장섰으므로 일제의 주목을 받게 되었으며, 그 핍박과 피해도 상당히 크고 광범위하였다. 하지만 3.1만세운동이 한국의 독립을 이루는 데 실패하고 일제는 문화 정치라는 이름으로 조선의 종교 정책을 전환한다. 이후 기독교는 일제의 이런 정책에 만세 운동의 형태가 아닌 다른 방향으로 일제에 저항한다.

많은 개신교인이 희망이 없는 현실이 아닌 신의 초자연적 개입과 내세에 소망을 품기 시작했다. 이에 부흥사들이 나와 이런 민중의 소망을 열광적 부흥회로 결집시켰다. 한 예로 김익두 목사는 1919년 말부터 이적과 초자연적 치유 현상을 동반한 부흥회를 전국적으로 개최하여 많은 민중들의 호응을 얻었는데 이는 3.1운동 이후 암울한 사회 분위기 속에 우울해 있던 민중에게 희망을 주었기 때문이었다. 또한 길선주, 이용도 목사 등도 개인 구원에 집중하는 내재적 신비주의 또는 야학, 문맹 퇴치 등의 사회 계몽 운동으로 방향을 전환하였다. 한편 이동휘, 여운형, 김규식 등은 사회주의 수용을 통한 직접적 항일 독립운동을 수행하였다.[17]

---

17) 이덕주 "3.1운동에 대한 신앙 운동사적 이해", 기독교 사상, 34, 133 (1990)

3.1 운동 이후 개신교인들은 무장 독립 투쟁을 위한 조직을 만들기도 하고 의열 투쟁도 하였다. 1919년 9월 사이토 총독에게 폭탄을 던진 강우규와 1920년 8월 선천 경찰서에 폭탄을 던진 박치의 등도 모두 개신교인의 일제에 대한 저항이었다. 북간도에서 만들어진 대한 국민회와 대한 신민단은 개신교인이었던 구춘선, 서상용 등이 주축이 되어 조직된 무장 항일 투쟁 단체였다. 대한 국민회는 군대 조직도 만들어 다른 무장 투쟁 단체들과 협력하여 1920년 7월 봉오동 전투 등을 수행하였다.

1930년대 이후 조선의 기독교는 신사참배 거부로 일제에 대해 저항을 하게 된다. 1930년대 일제는 군국적 전제주의로 전쟁을 일으킨다. 1931년 만주 사변을 필두로 1937년 중일 전쟁, 그리고 기어이 1941년 태평양 전쟁을 일으키어 전 세계를 전쟁의 장으로 만들었다.

일본이 국가를 전시체제로 만들면서 일본뿐만 아니라 그 식민지였던 조선도 전쟁 수행을 위해 동원되었다. 조선인도 일본인이라는 정체성을 갖게 하려고 천황으로 대표되는 일본에 충성하게 하고 일본의 전쟁을 자기 전쟁으로 여겨 적극적으로 동참하도록 하는 것이 필요했다. 이를 위해 1936년 새로 조선 총독으로 임명된 미나미 지로는 조선 통치의 방식으로 내선일체를 내세웠다. 내선일체란 일본인과 한국인이 한 몸이라는 뜻이다. 이는 조선과 조선인을 일본을 위한 전쟁의 모든 수단과 자원으로 삼겠다는 것이다.

일제는 1939년 종교 단체법을 시행하였는데 이 종교 단체법은 모든 종교단체를 총독부의 감독과 통제 아래 둠으로써 실질적인 신앙의 자유를 제한하여 겉으로는 종교의 자유를 말하지만 실제로는 종교 행위까지도 국가시책에 굴종시키려는 법이었다. 이 법안 자체가 천황제와 결합된 신도의 이데올로기를 고취하려는 목적으로 제정되었기 때문에 기독교를 비롯한 모든 종교는 가혹한 탄압을 받아야 했고 그 존립을 위해서는 변절을 강요당해야 했다.

일제는 또한 내선일체의 일환으로 조선인들에게 창씨개명, 일본어 사용, 신사참배로 조선을 억압하기에 이른다. 창씨 개명은 조선 총독부가 1937년 훈령 제24호인 '사법 법규개정 조사위원'의 설치 규정에 따라 1939년 '조선인의 씨명 변경에 관한 건'을 공포하면서 실시되었다. 이는 1940년에 모든 한국인들은 그들의 전통적인 가족의 성을 버리고 일본식으로 고치라고 억압하였다. 이러한 제도의 실시는 한국 민족의 혈통적 해소를 실질적으로 도모하는 것으로서 혈통 해소를 통하여 일본에 완전히 동화를 시도하려는 민족 말살 정책이었다. 이 제도가 실시된 후부터는 일본식 성이 아니고는 학교 입학, 취직, 민원 사무, 식량 배급까지 거부하여 일반 국민으로서는 버티기 힘든 억압이었다. 또한 창씨개명을 하지 않은 사람은 요시찰인으로 지목하여 압박을 가하였다.

신도란 일본인들이 말하는 신인 '가미'에 대한 신앙이다. 이것은 일본이 정치권력을 중앙집권화하면서 만들어 낸 일본의 국수 사상의 핵심이라고 볼 수 있다. 1882년 일본 정부는 신사 신도를 국가의 제사로써 일반 종교로부터 분리시킨다고 선언하였다. 이러한 의도는 신사 신도를 초종교적이고 절대적인 것으로 만들어 그 우위를 확립하려는 것이었다. 1899년에 공포한 제국 헌법과 1900년에 반포한 교육칙어를 통하여 천황을 절대화하는 국가 신도를 형성하고 법적 조치를 통해 완벽을 기하였다. 그리하여 신도는 선교 자유와 정교분리원칙을 위배하지 않으면서도 사실상 모든 종교 위에 군림하는 초종교적 특권을 갖게 되었다. 따라서 국가 신도는 천황제에 근거한 국가주의의 구체적인 산물이며 국가 신도는 일본인들의 정신적인 지주가 되어 천황 중심의 국가관을 만들었고, 군국주의 일제의 외국 침탈 및 식민지 통치의 정신적 원리가 되었다. 일제는 외국을 침탈하여 식민지로 만들고 그곳에 신사를 설치하여 식민지인에 대한 동화정책의 주요 기구로 삼았다. 그리하여 한국뿐 아니라 만주, 대만, 중국에도 많은 신사를 설치하여 그 본래의 의도대로 추진해 나갔다.

1930년대 일본에서는 군국주의자들의 움직임이 활발하였고, 그들은 일본 내에서 일고 있는 정치적, 경제적인 난국을 대륙침략으로 대치하려 하였다. 독점 자본가들과 관료들이 결탁하여 형성한 군국주의자들은 천황 중심주의, 황도주의, 국제명징을 이념으로 삼고 이를 현실화하는 방법으로 신사숭배를 앞세워 신사참배라는 방법을 창안해 냈다. 일본 군국주의자들에게는 무엇보다 먼저 한국민의 완전한 제압과 무조건적인 복종이 필수적이었다. 따라서 그들은 한국인들의 정신을 지배해야 한다는 결심 하에 그 방법을 모색한 것이 바로 신사참배 강요였다. 신사참배를 통해 한국인의 정신을 일본화하고 일본의 국체에 순응하고 한국인을 정신적으로 지배하려고 하였다. 이것이 바로 황국신민화 정책이다. 황국신민화 정책의 특징은 천황 신앙을 중심으로 한민족의 정체성을 빼앗아 한국민의 민족성을 철저히 말살하려는 것이었다. 이 신사참배는 곧 교회에 대한 공격으로 이어질 수밖에 없었다.

여기서 신사참배는 조선인으로서의 민족성을 포기해야 한다는 의미와 그리스도인에게는 우상숭배에 참여해야 한다는 것을 의미한다. 일제는 신사참배란 국가 제사, 국민의례의 일환이며 종교 행위가 아니라고 주장하였지만, 신사는 신전에서 제신이라는 신령에게 제사를 지내고, 제계하여 몸을 정결케 하고, 축사라는 제문을 읊고, 폐백과 신찬을 바치며 신악을 연주하고, 예배와 기원을 하는 것으로 이는 확실히 종교 행사라 할 것이다.

1935년 이후부터는 일본 군국주의, 국수주의자들의 압력을 받은 총독부는 각 도지사 앞으로 공문을 보내 모든 학교에서 신사참배를 명하였다. 그리고 신사참배를 행하지 않는 사람에게는 천황 모독제에 해당하는 가혹한 처벌이 가해졌다. 이에 참배를 거부한 조선인은 체포되어 갖은 고문을 당하였다. 일제는 신사참배를 종교 행위가 아닌 애국 행위라며 종교계를 억압하였다.

일제는 각급 학교에 신사참배를 강요하였는데 이는 기독교 학교를 굴복시키기 위한 음모였다. 여기에는 한국교회 지도자들과 선교사들 사이를 이간시키고, 이들 학교를 자기들의 손아귀에 넣어 식민지 교육의 도구로 삼으려는 의도가 분명히 나타나 있었다. 평양에 있는 기독교계 학교에 신사참배를 강요했을 때, 선교사들이나 교사들은 우상숭배 행사에 참여할 수 없다는 입장을 분명히 했다. 이에 한국교회 목사들도 동조하고 신사참배를 거절하였다. 특히 남장로 교회는 이 문제에 대하여 강경하여 신사참배 문제는 유일신론과 다신론 간의 투쟁이라고 단정하여 이를 절대 받아들일 수 없다고 하였다. 일제는 이러한 저항에 대해 여러 가지 수단을 동원하여 이러한 신사참배를 거부하는 기독교계 학교들에 폐교시키게 하는 등의 억압을 하였다.

이러한 신사참배에 대한 억압이 심해지면서 종교계가 굴복을 하게 되는데, 가장 먼저 이를 수용한 것은 로마 가톨릭이었다. 1918년 천주교는 "신사는 다른 신들을 위하는 곳이므로 참배할 수 없다."라는 한국 천주교 장정을 작성하였고 신사는 종교임을 명시한 일이 있었다. 1925년 조선 신궁 진좌제 때만 해도 개신교와 더불어 신사참배를 이단으로 규정하고 일제에 저항하였다.[18] 그러나 독일, 이탈리아, 일본이 3국 동맹을 맺은 후에는 갑자기 태도를 바꾸어 1936년 5월 교황 비오(Pius) 12세는 포교성을 통

---

18) 교구 연보 1878-1940, (천주교 부산 교구, 1984)

하여 "신사참배는 종교적 행사가 아니고 애국적 행사이므로 이를 용허한다."고 천명하였다.

그다음으로는 조선에서 두 번째로 큰 교회인 감리교회도 일제 앞에 굴복하고 만다. 1936년 6월에 개최된 제3차 연회에서 당시의 총리사 양주삼 목사가 총독부 초청 좌담회에 다녀온 후 신사참배를 하기로 하였다. 이어 1938년 장로교총회에서도 신사참배를 허용하고 만다.[19]

그러나 교단의 허용에도 불구하고 개인적 신앙고백에 따른 신사참배에 대한 저항운동이 강하게 일어났다. 1938년 참배 반대에 대한 협박과 회유에 견디지 못하고 평북 노회가 참배를 결의하자 이에 반발하여 평북 장로회 소속인 평양신학교 학생들이 참배 반대 운동을 시작하였다. 평양신학교를 시작으로 교회, 장로회, 각종 단체 조직의 분산, 협박과 회유를 통한 압력이 심해지자, 교회와 개인의 인적 지역적 연대가 강화되면서 조직적, 집단적인 저항운동이 점차 확대되어 갔다. 그 중심인물은 평안남도의 주기철, 평안북도의 이기선 등이 대표적이다. 이러한 저항에 따라 참배 거부에 참여한 200여 개 이상의 교회가 폐쇄되었고, 약 2,000명 이상의 교인들이 체포 수감되었다. 이들 중 50여 명이 일제의 고문과 억압으로 사망 된 것으로 알려지고 있다.[20]

이후 일제는 한국교회를 말살하려는 방법의 하나로 교회 연합

---

19) 감승태, "한국 기독교의 역사적 반성"(다산글방, 1994)
20) 김양희, "한국 기독교 해방 10년사" (대한예수교장로회, 1956)

단체를 해체하기 시작한다. 우선 "조선기독교 연합공의회"가 해산되었고, 이어 기독교의 대표적 단체인 "조선 기독교청년연합회(YMCA)"를 해산시켰는데 이 과정에서 도산 안창호 선생이 옥고로 사망한다.

일본 강점기는 국가 신도라는 신화를 현실화한 허구가 통용되었던 광기의 시대였고, 폭압이 지배하던 시대였다. 이 광기의 시대에 기독교인이 된다는 것은 커다란 고통을 자처하는 것이었다. 일제 식민지 시대 신사참배를 강요하고 이를 통해 기독교를 말살하려는 일제의 박해 아래에서, 진정한 그리스도인이 해야 할 것은 고난받을 것을 각오하고 일제의 비기독교화 정책에 저항하는 것밖에 없었다. 이러한 상황에서 교회와 그리스도인이 해야 할 마땅한 과업은 신앙의 자유를 위하여 싸우며 고난을 감수하는 것이다. 현실과 타협하고 적그리스도의 권력에 굴종하는 교회와 신자는 진정한 그리스도인이라 할 수 없을 것이다.

안창호는 기독교 사랑과 민족의 관계에 대해, "기독교인의 민족 운동이란 하나님에 대한 사랑을 구체적으로는 자기 이웃에 대한 사랑, 더 나아가 자기 민족에 대한 사랑과 애정으로 확대해 가는 과정"이라고 이해하였다. 을사늑약 전후의 전덕기 목사의 경우에 그는 "구원이란 죄와 죽음으로부터의 해방일 뿐만 아니라 자기 동족을 정치적, 경제적으로 억압하는 세력으로부터의 자유"라고 하였다.[21]

---

21) 송길섭, "한국신앙 사상사" (대한기독교출판사, 1987)

이처럼 일제 시대 그리스도인들의 저항운동은 신앙을 바탕으로 한 운동이었다. 이러한 신앙은 진정한 자유에 대한 갈망, 폭압으로부터의 해방을 뜻한다. 이러한 저항은 진정한 자유를 얻을 수 있게 하며, 진정한 신앙의 자유를 획득함으로 그리스도인의 정체성을 획득할 수 있게 되는 것이다. 따라서 일본 강점기 억압과 폭정에 대한 저항은 그리스도인으로서의 존재 이유였다.

또한, 일제시대 폭압에 저항하다 죽음을 맞이한 그리스도인들은 자신을 희생하여 타인의 자유와 해방의 문을 여는 데 초석이 된 그리스도를 본받은 자라 할 것이다.

9. 한국교회 박해 현장을 찾아서

(1) 제천 배론 성지

제천에 가면 천주교의 성지 중의 하나인 배론 성지가 있다. 그곳은 황사영이 숨어 살았던 곳으로 유명하다. 지난번 배론 성지를 다녀왔는데 황사영백서 사건을 역사에서 배우기는 했지만, 말로만 들었을 뿐 그 자세한 내용을 알 수가 없었다. 그 사건은 어쩌면 한 개인을 뛰어넘는 슬프고도 암울했던 한 시대의 어두운 역사이었는지 모른다.

황사영(1775~1801)은 1801년 조정의 천주교 박해로 교회가 큰 위기에 처하자 이를 타개하고 조선교회를 재건할 방법이 담긴 편지 (일명 황사영백서)를 북경의 천주당으로 보내려다 발각되어, 자신은 능지처참 되고 그 가족은 모두 먼 곳으로 흩어져 유배되며 모든 재산은 몰수당하는 무서운 처벌을 받았다. 또한, 그의 백서를 북경교회에 전달할 책임을 맡았던 황심, 옥천희와 그를 제천의 배론으로 은신하도록 안내해주고 그에게 시시각각으로 박해의 상황을 알려주던 김한빈 등도 모두 참수당하였다. 이처럼 백서와 관련된 인물들이 모두 엄청난 희생을 당한 것은 백서에 담겨 있던 내용이 당시 조선왕조의 부패하고 무능한 정권에 대한 일대 혁명을 수행하고 새로운 이상사회를 건설하려는 과격하고도 급진적인 사상으로 가득 차 있었기 때문이다.

황사영은 16세의 어린 나이인 정조 14년(1790년)에 사마시에 합격하여 진사가 되었는데 특히 정조로부터 특별한 칭찬과 총애를 받았다. 그는 같은 해에 정약현의 딸 정명련과 결혼한 것을 계기로, 처삼촌 되는 정약종으로부터 천주교에 대한 가르침을 받고 천주교에 귀의하게 된다.

1791년 황사영은 그의 외척인 이승훈으로부터 천주교 서적을 얻어보고, 정약종, 홍낙민 등과 함께 신앙에 관해 학습하고 토론하다가 1795년 주문모 신부에게 알렉시오라는 세례명으로 세례를 받게 된다. 이로부터 황사영은 벼슬길에 대한 미련을 버리고, 오로지 천주교 서적을 만들어 사람들에게 전파하고 일에만 전념하였다. 그리하여 주문모 신부로부터 그 능력을 인정받고 정약종과 함께 '명도회'라는 천주교 모임의 주요 회원으로 활동하고, 그 하부 조직 하나를 지도하게 된다. 당시 황사영이 지도하던 모임에는 남송로, 최태산, 손인원, 조신행, 이재신 등의 교우들이 활동하고 있었는데 남송로 외에는 모두 평민 이하층에 속하는 것으로 알려졌다. 이는 황사영 자신이 천주교에 입교한 이후 스스로 양반으로서의 지위와 특권을 포기하면서, 당시 사회의 신분 질서를 떠나 여러 계층의 교우들과 함께 매우 결속력이 강한 신앙공동체를 조직한 것으로 생각된다. 1796년 황사영은 당시 교회의 주요 인물이었던 이승훈, 홍낙민, 유관검, 권일신, 최창현 등과 함께 주문모 신부의 뜻을 받들어 북경의 구베아 주교에게 바다를 통한 선교사의 파견을 요청하는 서한을 발송하는 일에 관여했다. 그는 때때로 주 신부를 자기 집에 모셔놓고 성사를 받기도 했으며, 신자들을 7일마다 불러 모아 미사를 보기도 했다. 1801년 신유박해를 즈음하여 천주교 신도들 사이에서 양반으로서는 정광수와 함께 가장 높은 지도자로 지목되기도 하였다.

1801년 신유박해가 일어나면서 정약종, 최창현 등 교회의 지도자들이 거의 대부분 체포되고 심문을 당하는 과정에서 황사영의 존재가 알려져 조정의 체포 대상이 된다. 그러나 그는 관의 추적을 피하여 충북 제천의 배론 지역에 사는 김귀동의 집으로 피신하였다. 그곳에서 김귀동은 김한빈과 함께 집 근처에 땅굴을 파고 약 8개월 동안 황사영을 숨겨주었다.

황사영은 배론의 땅굴 속에 기거하면서 이웃에 살던 김세귀, 김세봉 형제에게 교리를 가르쳤으며, 김한빈으로부터 박해의 진상과 주문모 신부의 순교 소식을 전해 듣고, 쓰러져 가는 조선교회를 재건하기 위한 여러 방안을 연구하는 데 전념하게 된다. 이리하여 틈틈이 써 놓은 글을 정리하고 모아 북경 주교에게 도움을 요청하는 글을 적으니 이것이 바로 황사영백서이다.

황사영은 배론으로 그를 찾아온 황심과 함께 옥천희를 통해 백서를 전달할 계획이었다. 그러나 9월 15일 황심이 체포되고, 이어 9월 20일 옥천희가 체포되었으며, 황심의 진술에 따라 9월 29

일 황사영마저 배론에서 체포되었는데 이때 황사영의 옷 속에서 백서가 발견되었다.

백서에는 당시 세도정치의 특징인 노론 벽파와 정순 왕후에 국권의 자의적인 농단과 그로 인한 국정의 문란과 민심의 이반현상을 적나라하게 보여주고 있으며, 이는 순조실록에 기록된 순조 초년기의 정국 상황과도 부합되는 것으로 보인다. 순조 초기에는 관직이 무질서하게 주어지고 척신끼리의 불화로 억울한 죽임을 당하는 사례가 빈번히 일어났다.

이런 상황에서 '대역부도의 죄'로 몰린 황사영 등 천주교도들은 정당성이 없는 세도 정권에 대한 충성을 거부하는 것은 물론 국가의 힘으로 종교의 자유마저 보장받기 어려우니 서양의 힘을 빌려서라도 잘못된 정치를 바로 잡겠다는 생각을 하게 된 것이다.

하지만 종교의 자유가 없었던 시대에 살았던 그들에게는 처참한 죽음만이 기다리고 있었다. 한 개인의 아픔은 시대와 분리될 수 없다. 이는 시대의 아픔이 또한 개인의 아픔이라는 뜻이다. 시대를 외면할 수 없는 개인은 어쩌면 운명인지도 모를 그들의 삶을 살아가야 한다. 우리 시대의 아픔은 무엇일까? 그 아픔을 우리는 알고 있는가? 이 시대를 살고 있는 우리 개인들의 아픔은 무엇일까? 그들의 아픔이 오로지 그들만의 책임일 것인가? 능지처참을 당하여 사지가 찢겨져 죽었지만, 황사영 그의 영혼만은 자유로왔을 것이다.

제천 배론 성지

(2) 절두산

　현재 서울 마포구 합정동에 위치하고 있는 절두산은 병인박해가 일어났던 당시에는 암벽 봉우리로 잠두봉, 용두봉, 가을두라 불리기도 했다. 잠두는 누에머리, 용두는 용의 머리와 비슷하게 생겼다고 해서 부쳐진 이름이다. 가을두는 들머리 즉 머리가 들려있는 형상이라는 뜻이다.
　전해지는 말에 의하면 병인박해 당시 박해자들은 절두산 정상에서 칼로 신자들의 목을 쳐서 그 시신을 한강이 흐르는 강물로 던져 버리거나 한 오랏줄에 여러 명의 신자들을 묶어서 산 채로 낭떠러지 밑 강물로 던져 죽였다고 한다. 또한 창호지를 얼굴에 붙이고 물을 뿌려 질식사시킨 다음 그 시신을 강물에 던지기도 했다고 한다.

하지만 오늘날 이 절두산 봉우리가 신자들의 순교 장소였는지에 대해서는 부정적인 견해도 있다. 오히려 절두산 꼭대기가 아닌 양화 나루인 양화진에서 처형이 더 많이 이루어졌을 가능성이 많다는 의견도 있다. 왜냐하면 절두산 정상은 너무 좁아 군인들과 신자들의 사형이 집행될 정도의 면적이 아니기 때문이다.

이유야 어쨌든 절두산 근처에서 수많은 천주교 신자들이 말없이 종교의 자유를 누리지도 못한 채 세상을 떠날 수밖에 없었음은 확실하다.

현재 이곳에는 김대건 신부의 동상과 순교 박물관이 세워져 있으며 천주교 순교 성지로 기념하고 있다. 교황 요한 바오로 2세는 1984년 한국 방문 당시 직접 이 절두산 성지를 방문하기도 하였다.

절두산에 있는 김대건 신부 동상

평화롭게 유유히 흐르는 한강 물에 그들의 잘려진 목과 시신 그리고 피로 뒤범벅이 되었을 당시를 생각하면 가슴이 찢어질 듯한 애통함을 느낀다.

(3) 해미 읍성

해미 읍성은 1790년대부터 약 100년 동안 수 천명의 천주교 신자들이 순교되었던 것으로 추정된다. 해미는 이 지역에서 유일하게 진영이 설치된 군사 요충지였다. 이곳에서는 조선 초기부터 수많은 국사범이 처형되었다. 특히 1866년 병인박해 당시 한꺼번에 122명의 천주교 신자들을 이곳에서 사형시켰다.

박해 당시 이곳에 잡혀 온 천주교 신자들은 아주 잔인하게 처형된 것으로 유명하다. 예를 들어 돌다리 위에서 팔다리를 잡고 들어 돌에 메어쳐 죽이기도 했고, 여러명을 눕혀 놓고 돌기둥을 떨어뜨려 한꺼번에 처형시켰으며, 혹시 죽지 않아 살아 있는 사람에겐 횃불로 눈을 지지기도 했다고 한다.

처형해야 할 사람들이 너무 많아 한 명씩 죽이는 데 지친 관원들은 살아있는 사람들을 한 구덩이에 몰아넣고 생매장하기도 했다.

1975년 대전 교구에서 순교 복자 79위를 기념하는 순교 기념탑을 이곳에 건립하였다. 천주교에서는 1984년 순교자들의 생매장

터를 매입하였고 이듬해 해미 성당을 건립하였다.

해미 순교 성지

(4) 솔뫼 성지

솔뫼 성지는 충남 내포에 위치한 곳으로 '솔뫼'란 소나무로 이루어진 산이라는 뜻이다. 이곳은 김대건 신부가 태어난 곳으로 그의 증조 할아버지부터 4대에 걸쳐 천주교 신앙을 지키기 위해 모두 순교했다.

이곳엔 현재 김대건 신부의 생가가 보존되어 있고, 그 뒤에 소나무 숲에 둘러싸인 김 신부의 동상이 세워져 있다. 소나무 숲 사이에 난 길은 '십자가의 길'로 조성되어 있다. 소나무 숲과 십자가의 길을 지나 김대건 신부 기념 성당과 기념관이 건립되어 있다.

김대건 신부가 죽었을 때 마지막으로 남긴 말은 "나는 천주를 위하여 죽으니 내 앞에는 영원한 생명이 시작될 것입니다."였다고 한다. 프란치스코 교황은 한국 방문 당시 이곳을 직접 방문하여 복원된 김대건 신부의 생가에서 직접 고개 숙여 기도하였다.

솔뫼 성지

십자가의 길

(5) 새남터

새남터는 현재 서울 용산구 이촌동 앞의 한강변 모래사장이다. 조선시대 병사들의 훈련을 위한 연무장과 국사범등의 중죄인을 처형하기 위해 사용하던 곳이다. 세조 2년인 1456년 성상문 등 사육신들이 이곳에서 처형되었다.

1800년 신유박해 당시 중국인이었던 주문부 신부가 이곳에서 처형당한 뒤 많은 천주교 신자들 또한 이곳에서 사망하였다.

1839년 기해박해 때에는 앵베르(Imbert), 모방(Maubant), 샤스탕(Chastan)이 이곳에서 처형되었다. 1846년 병오박해 당시에는 한국인 첫 신부였던 김대건이 그리고 현석문 신부가 여기서 처형되었다. 1866년 병인박해 때에는 6명의 서양 신부와 정의배, 우세영 등 많은 한국인들이 이곳에서 참수되어 군문효수에 처해졌다.

새남터

한국 천주교에서 이 근처의 땅을 매입하여 1956년 '가톨릭 순교 성지' 기념탑을 세웠고, 1987년 새남터 순교 기념 대성전을 건립하였다.

(6) 진천 배티 성지

우리 나라 최초의 신학교라 할 수 있는 조선교구신학교가 문을 연 곳은 충북 진천 백곡면 양백리이다. 이곳 '진천 배티 순교 성지'엔 순교 박해 박물관이 건립되어 있다. 배티란 '배나무 고개'란 뜻으로 충북 진천에서 경기도 안성으로 넘어가는 고개 주변에 돌 배나무가 많아 배나무 고개라 불렸다고 한다.

배티 성지는 예전엔 사람들이 거의 살지 않았던 오지라서 당시 충청 좌도와 충청 우도 그리고 경기도에서 살던 천주교 신자들이 신유박해, 병인박해 때 조선 조정의 탄압을 피해 교인들이 숨었던 곳이다. 또한 우리 나라 가톨릭 첫 신학생이자 두 번째 사제였던 최양업 신부가 활동하던 곳이다. 당시 이곳엔 최 신부가 비밀 신앙촌 15곳을 세워 천주교 신앙을 전하였다. 최양업 신부는 15세 때 마카오로 유학을 떠나 28세에 중국 상하이에서 사제 서품을 받고 이곳에서 선교활동을 하였다. 이곳 배티성지에서 순교당한 사람은 최양업 신부와 그의 어머니를 비롯해 34명으로 알려져 있다.

현재 배티 성지에는 최양업 신부 기념 성당이 건립되어 있고 성당 옆에는 순교 박물관도 세워져 있다.

진천 배티 성지

(7) 안성 미리내 성지

미리내 성지는 경기도 안성에 위치해 있으며 미리내는 은하수라는 순수한 우리나라 말이다. 천주교 신자들이 1801년 신유박해와 1839년 기해박해를 피해 교우촌을 이루어 이곳에서 숨어 살았는데 밤이면 각 집에서 나오는 불빛이 은하수처럼 아름답다고 해서 그렇게 이름 붙여졌다.

안성 미래내 성당

이곳에는 한국 최초의 사제였던 김대건 신부의 묘소와 그의 어머니, 그리고 김대건 신부에게 사제서품을 준 조선 교구 제3대 교구장이었던 페레올 주교의 묘가 있다.

26세에 순교한 김대건 신부는 당시 조선 조정에서 장례도 치르지 못하게 하였다. 김 신부가 죽은 지 40일이 지나서 이민식

미리내 성당 내부

빈체시오가 김대건 신부의 시신을 몰래 빼내어 서울에서 이곳 미리내까지 일주일에 걸려 짊어지고 내려와 김대건 신부의 장례를 치렀다고 한다. 이곳에는 천주교 103위의 시성을 기념하기 위한 웅장한 성당이 건립되어 있다.

(8) 갈매못 성지

갈매못 성지는 충남 보령시 영보리에 위치해 있다. '갈매못'이란 '목마른 말에게 물을 먹이는 연못'이란 뜻이다. 천주교 전래 당시 천주교인들의 신앙 활동이 활발했던 곳인 내포 지방의 연못이다.

갈매못 기념 성당

이곳에서 1866년 병인박해 당시 조선 제5대 교구장이었던 주교

다블뤼(Davelu), 위앵과 오메트르 신부, 황석두, 장주기 등이 서울에서 사형 선고를 받았으나, 당시 고종 황제의 국혼이 예정되어 있어 서해안 최고 사령부 역할을 했던 충청수영으로 압송되어 이곳에서 군문효수되었다.

한국 천주교 200주년을 맞아 1984년 5월 6일 서울 여의도에서 교황 요한 바오로 2세에 의해 위 다섯 사람은 성인으로 시성되었다.

시성된 5인 기념 동상

10. 주요 인물들

(1) 이승훈

1756년 서울 중림동에서 태어난 이승훈은 우리나라 최초의 세례교인으로 세례명은 베드로이다. 아버지 이동욱은 참판이었고, 어머니는 형조 판서를 이가환의 누이이다. 이승훈은 정재원의 딸을 아내로 맞아 정약전, 정약종, 정약용과 처남매부 사이가 되었다.

정조 4년인 1780년 진사시에 합격하였으나 벼슬을 포기하고 학문에만 전념하였다. 이때 북경에서 들어온 서학이 남인 사이에 활발히 연구되고 있었기에 그도 서학을 접하게 된다. 당시 서학 모임의 중심인물이었던 이벽과도 친교를 맺어 천주교를 알게 된다.

1783년 동지사 서장관으로 가는 아버지를 따라 북경에 가서 40일 동안 머무르며 선교사들에게 천주교 교리를 배운다. 이때 북경에 있던 그라몽(Gramont) 신부에게 세례를 받고 한국인 최초의 천주교 세례교인 되었다.

1784년 수십 권의 천주교 교리 서적을 가지고 귀국하여 이벽, 권일신, 정약용에게 세례를 준다. 또한 이들과 상의하여 명례동의 김범우 집을 신앙집회소로 정하고 정기적인 신앙모임을 가지기 시작하였는데 이것을 한국 천주교회의 창설로 보고 있다.

1785년 김범우의 집에서 신앙집회를 하던 중 형조의 관헌에게 적발된 을사추조적발사건으로 한때 배교하지만, 곧바로 다시 교회로 돌아가 신자들에게 세례와 견진성사를 집전한다. 1787년 정약용과 더불어 반촌에서 천주교 교리를 가르치며 교회 활동을 하기도 했다.

1790년 음서로 의금부 도사가 되었고, 이듬해 평택 현감이 된다. 이때 전라도 진산에서 윤지충, 권상연 등에 의한 진산사건이 일어나자 권일신과 함께 체포되어 서양 서적을 들여온 사실과 1787년 반회사건이 문제가 되어 삭탈관직 된다.

순조가 즉위한 1801년 신유박해로 이가환, 정약종, 홍낙민 등과 함께 체포되어 4월 8일 서대문 밖에서 참수되었다. 이후 그의 가문은 4대에 걸쳐 순교하게 된다. 본인을 비롯해, 아들 신규, 손자 재의, 증손인 연구, 균구 모두 순교했다.

이승훈

(2) 김대건

우리나라 최초의 신부인 김대건은 1846년에 태어났다. 그가 신학생이 되기 전의 어린 시절은 잘 알려져 있지 않다. 태어난 곳이 현재의 충청도 솔뫼라고 하지만, 용인 굴암이라는 주장도 있다. 김대건이 출생할 무렵 그의 집안은 이미 천주교 박해로 인해 많은 피해를 입고 있었다. 증조부인 김운조는 1814년 해미에서 옥사하였고, 종조부였던 김종한은 1815년 을해박해때 순교하였다. 김대건의 가족은 박해를 피해 서울 청파로 이후 용인에서 살았다.

집안 형편도 너무 어려워 어릴 때 김대건은 먹을 것이 없어 발육 상태가 좋지 않았다고 한다. 영양실조와 잔병도 많았고, 이러한 허약함은 청년기까지 이어졌다. 김대건은 집안의 영향으로 태어나면서부터 천주교를 접할 수 있었다. 그의 집안이 천주교를 받아들이게 된 것은 백부였던 김종현의 영향이 컸다.

김대건이 신학생으로 선발된 것은 모방 (Pierre P. Maubant) 신부의 덕분이었다. 모방 신부는 프랑스 출신으로 1836년 압록강을 건너 조선에 들어와 경기 남부 지역과 충청도를 중심으로 선교활동을 했다. 이때 김대건, 최양업, 최방제 세 명을 선발해 마카오 신학교로 보냈다. 이들이 마카오에 도착한 것은 1837년 6월 7일이다.

김대건은 마카오에서 서양 신부들로부터 천주교 교리를 비롯해

라틴어와 철학을 공부하였다. 김대건은 신학 공부를 마치고 1842년 2월 15일 마카오를 떠난다. 함께 떠났던 최방제는 마카오에서 열병으로 사망하고 최양업은 김대건에 이어 우리나라에서 두 번째로 신부가 되었다.

마카오를 떠난 김대건은 요동에 도착해 조선으로 입국을 하려 하였지만 실패하고 만주에서 신학 공부를 계속하며 지내다 1845년 1월이 돼서야 국경선이라 할 수 있는 책문을 넘어 겨우 조선에 들어올 수 있었다.

조선 정부는 김대건이 신학 공부를 위해 조선을 떠났다는 사실을 알고 있었기에 김대건은 수배자 신분이었다. 그는 비밀리에 서울에 들어와 외국 선교사들의 입국 준비를 하였고 페레올 주교와 다블뤼 신부를 조선에 데려오기 위해 상해로 떠났고 1845년 6월 4일 상해에서 페레올 주교로부터 사제 서품을 받는다. 이로써 그는 한국 최초의 천주교 신부가 된다. 서품을 받은 후 김대건은 페레올 주교, 다블뤼 신부와 함께 10월 12일 충남 강경 근처로 입국한다. 이후 이들은 서울과 경기도 지방을 중심으로 선교활동을 하였고, 교우들에게 성사를 주었다.

김대건은 다른 외국 선교사들의 입국을 위해 1846년 5월 14일 황해도에서 중국 배에 편지와 조선 지도를 전달하고 돌아오던 중 6월 5일 등산진에서 체포된다. 이후 40여 차례의 모진 고문을 받은 김대건은 1846년 9월 15일 반역죄로 사형을 선고받고 다음 날 새남터에서 참수되어 군문효수 되었다.

처형당한 죄수는 보통 사흘 뒤에 연고자가 그 시신을 수습할 수 있었으나 조선 조정은 김대건의 장례를 치르지 못하게 했다. 그가 죽은 지 40일이 지나 이민식을 비롯한 신자들이 그의 시체를 몰래 빼내 등에 업고 서울에서 현재 안성군 양성면 미산리, 흔히 미리내라 불리는 곳까지 내려와 안장했다.

김대건이 죽은 뒤 7년 후 페레올 주교가 세상을 떠나자 김대건 신부 옆에 묻히고 싶다는 그의 유언에 따라 페레올 주교는 미리내에 있는 김대건 신부 옆에 안장되었다.

김대건 신부는 1925년 로마 교황 비오 11세에 의해 복자로 선포되었고, 1984년 성인으로 선포되었다. 2019년 11월 유네스코는 제40차 총회에서 김대건 신부를 2021년 세계기념인물로 확정했다.

김대건

(3) 정약종

　1760년 진주 목사를 지낸 정재원의 셋째 아들로 태어났다. 위로는 형인 정약현, 정약전이 있고 아래로 동생인 정약용이 있다. 젊은 시절 성호 이익에게 성리학을 배웠다. 그의 집안 형제들이 천주교를 받아들일 때 정약종은 도교에 심취해 있었고, 형제 중 가장 늦게 천주교를 받아들였다.

　천주교 교리를 신봉하여 집안의 제사를 거부해 한때 가족과 떨어져 살았다. 천주교 신자가 된 후 정조 19년인 1795년 이승훈과 함께 청나라 주문모를 맞아들이고, 1799년 서울에 와 살면서 한국 최초의 조선 천주교 회장을 지냈다. 전도에 힘쓰며 〈성교전서〉를 준비하던 중 1801년 2월 신유박해가 일어나 그의 형제들이 문초를 받자 스스로 체포되어 서소문 밖에서 참수되었다.

정약종

(4) 황사영

1775년에 서울 아현에서 태어난 황사영은 정조 14년인 1790년 소위 '소년등과'라고 하는 15세라는 나이에 사마시에 급제할 만큼 똑똑했다. 정약용의 맏형인 정약현의 딸 정명련과 혼인하였다.

황사영

1791년 그의 처고모부였던 이승훈으로부터 천주교 교리를 접하고 나서 천주교를 믿기 시작했다. 이후 정약종, 홍낙민등과 함께 천주교 교리를 연구하였고, 신해 박해 당시에도 자신의 신앙을 지켰다.

1795년 주문모 신부를 만나 성사를 받고 난 뒤 그를 도와 교회일에 적극적으로 참여한다. 많은 사람들을 천주교로 입교시켰고,

평신도 단체였던 명도회의 주요 회원으로 활동했다.

1801년 신유박해가 일어나자 충북 제천의 배론으로 피신하여 은거하면서 신유박해로 인한 조선 천주교의 실상과 교회의 재건책을 북경의 주교에게 호소하는 장문의 편지를 썼는데 이것이 바로 '황사영백서'이다.

이 백서를 황심과 옥천희에게 시켜 1801년 10월에 떠나는 북경 동지사 일행편을 통해 보내려고 하였으나 9월 15일에 체포된 황심의 자백으로 9월 29일 체포된다. 서울로 압송되어 대경 부도죄로 11월 5일 서소문 밖에서 능지처참 되었다.

황사영이 지냈던 토굴

(5) 주기철

1897년 11월 25일 경남 창원군 웅천면에서 태어난 주기철은 어려서 그의 형 주기원을 따라 웅천교회를 다니기 시작했다. 1913년 평안북도 정주에 있는 오산학교에 진학한다. 오산학교에는 남강 이승훈이 설립한 곳으로 조만식이 선생으로 근무하는 등 민족의식이 강한 교사진과 서북지역의 가장 대표적인 기독교 사립학교였다.

주기철이 오산학교를 다닐 무렵 이승훈은 105인 사건으로 제주에서 유배 생활을 마치고 오산학교에 돌아올 수 있었고 당시 오산학교 교장은 이승훈이었다. 이에 주기철은 이승훈과 조만식의 직접적인 훈육을 받을 수 있었다.

오산학교를 졸업한 주기철은 신설 학교인 조선예수교 대학교(연희전문학교의 전신)에 진학하나 1년을 다니지 못하고 여러 가지 사정으로 학업을 중단한다. 고향에 내려온 주기철은 1917년 후에 신사참배 거부 운동의 동지가 된 이기선 목사의 중매로 안갑수와 결혼한다. 1919년 주기철은 웅천교회의 집사가 되고 1920년 9월 마산 문창교회에서 열린 김익두 목사 부흥회에서 인생의 전환점을 맞는다.

기독교 목사가 되기로 결심한 주기철은 1922년 평양에 있는 장로회신학교에 들어가 신학을 공부하기 시작한다. 1925년 신학교를 졸업하고 12월 30일 목사 안수를 받고 부산 청량교회에서 담임목사로 부임한다.

그리고 당시 노회에서 운영하는 경남 성경학원에서 후진 양성에도 힘을 쓰는데 후에 신사참배 거부로 순교한 조용학과 5년간 옥고를 치른 손양원이 주기철에게서 성경을 배웠다.

1931년 노회의 원로 목사들의 권유로 어려움에 처해 있던 마산교회로 부임한다. 1933년 그는 개인적인 불행을 겪는데 34세인 그의 아내가 병사하고 만다. 아내를 사별한 후 2년 정도를 홀로 지냈으나 1935년 오정모와 재혼한다. 그 무렵 당시 조만식이 장로로 있었던 평양의 산정현교회의 초빙으로 마산을 떠나 그 교회로 부임을 하게 된다.

당시 평양은 기독교 학교에 대한 일제의 신사참배 강요로 기독교 학교들이 폐교의 위기에 처해 있었다. 1937년 7월 중일 전쟁을 일으킨 일제는 전시체제를 구축하기 위해 황민화 정책을 강화하고 신사참배를 강요하게 된다.

주기철 목사가 신사참배 거부와 관련되어 일제 경찰의 주목을 받기 시작한 것은 이 무렵이다. 총독부 산하 경무국은 1938년 이른바 '기독교에 대한 지도 대책'이라는 지침을 수립하고, 경찰을 동원 학교와 학생뿐만 아니라 교회와 일반 기독교인들에게 신사참배를 강요하기 시작했다.

한국 기독교계는 신사참배는 기독교의 교리에 위반되며 양심과 종교의 자유를 침해하는 것으로 강력히 반대하였으나 일제의 강요가 점점 심해지자 이에 굴복하는 개인과 단체들이 나타나기 시작하였다.

하지만 주기철 목사는 끝내 신사참배를 거부하였고 이로 인해 일제는 신사참배를 거부한 이유로 그를 구속 수감되기에 이른다. 옥중에서도 끝까지 신사참배를 반대하였던 그는 극단적인 구타와 고문을 견뎌야 했다. 계속된 고문과 오랜 옥중 생활로 인해 건강이 악화된 주기철 목사는 1939년 1월 29일 석방되어 평양으로 돌아온다.

하지만 돌아온 후에도 신사참배를 거부하며 목회를 계속하던 중 일제는 다시 그를 구속하였고, 일제는 주기철 목사를 평양 산정현 교회 담임목사직에서 파면한다. 그 후 신사참배를 거부하지 않는 이인식 목사를 새로운 담임목사로 임명한 후 주기철 목사는 이듬해 4월 평양 경찰서에서 풀려난다.

하지만 이후에도 주기철 목사의 신사참배 거부 운동이 교회 밖에서도 이어지자 일제는 다시 주기철 목사를 체포 수감한다. 이미 악화된 건강은 옥중에서 회복되지 못한 채 1944년 4월 21일 부인 오정모와 마지막 면회를 한 후 주기철 목사는 그날 밤 사망한다. 그의 나이 47세였다.

당시 신사참배 거부는 일제의 전시체제 아래 황민화 정책을 비롯한 식민지 통치 이데올로기에 대한 정면 도전이었고 이것을 무효화시키기 이한 비폭력 저항이었다. 하지만 주기철 목사의 일제에 대한 항쟁은 단순한 제국주의에 대한 저항에 그치지 않는다. 그의 일제에 대한 항쟁의 밑바닥에는 신앙과 양심의 자유를 지키기 위한 불굴의 의지가 있었다.

주기철 목사의 설교와 옥중 고난은 그가 목회하던 평양 산정현 교회의 교인뿐만 아니라 같은 길을 걸어가고자 하는 많은 이들에게 커다란 용기와 믿음을 주는 계기가 되었고 일제의 압력에 굴복하고 순응하는 이들에게는 경고가 되었다.

그의 불의와 타협하지 않는 불멸의 정신은 어두운 시대를 버텨야 했던 한국 기독교의 등불이 되었으며 우리 민족의 자긍심이기도 했다. 대한민국 정부는 그의 높은 뜻을 기려 1963년 건국 훈장 독립장을 추서하였다.

주기철

한국 교회 박해의 역사

값 10,000원

초판발행 2021년 12월 30일
지 은 이 정태성
펴 낸 이 도서출판 코스모스
펴 낸 곳 도서출판 코스모스
등록번호 414-94-09586
주   소 충북 청주시 서원구 신율로 13
대표전화 043-234-7027
팩   스 050-7535-7027

ISBN 979-11-91926-15-6